D1692395

»UNS RUFET DIE STUNDE«

Eines von etwa fünfzehn Flugblättern, die von der Widerstandsgruppe »Grün« entworfen und hergestellt und in ganz Unterfranken sowie teilweise auch darüber hinaus verteilt wurden:

Christliches Volk, wach auf!
Der braune Bolschewismus
ist in Deutschland am Werk,
die christlichen Kirchen zu vernichten.
Führe den heiligen Kampf
für Christus und sein Reich!
Geht in die Schulen und sorgt dafür,
dass auch Eure Kinder
unter dem Kreuz erzogen werden.
Denn nur im Kreuz ist Heil!
Christus wird in Deutschland siegen.

Die Heidingsfelder Gruppe katholischer Jugend, welcher der Herausgeber angehörte und die sich nach ihrem Gründungstag, dem Karfreitag 1940 »TGK 40« (Tscherkessen Gruppe Karfreitag 1940) nannte. Der Herausgeber in der hinteren Reihe, zweiter von links.

»UNS RUFET DIE STUNDE«

*Unterfrankens Katholiken
im Widerstand*

2005
Herausgegeben von Hans Kufner
in Zusammenarbeit mit dem
Katholischen Senioren-Forum Diözese Würzburg

Die Auswahl der Beiträge dieses Buches trafen Frau Theresia Hörnig und Herr Hans Kufner. Für die notwendige Bearbeitung der Beiträge sowie für die Redaktion zeichnet Herr Hans Kufner verantwortlich. Die Gestaltung und drucktechnische Betreuung oblag Herrn Hans Kufner.

Ein Verzeichnis der Einsender finden sie nach dem Inhaltsverzeichnis, wobei wir um Entschuldigung bitten, dass wegen ihrer Vielzahl nicht alle Einsendungen aufgenommen werden konnten. Dies hätte den Rahmen des Buches gesprengt.

Bibliografische Information der Deutschen Bibliothek

Die Deutsche Bibliothek verzeichnet diese Publikation in der Deutschen Nationalbibliografie; detaillierte bibliografische Daten sind im Internet über http://dnb.ddb.de abrufbar.

© 2005 Echter Verlag, Würzburg

Umschlag: Werbeagentur Obst, Würzburg
Satz: ew print & medien service gmbh, Würzburg
Druck und Bindung: Druckerei Theiss GmbH, A-9431 St. Stefan, www.theiss.at

ISBN 3-429-02732-2

Inhalt

»Wohl tobet um die Mauern der Sturm in wilder Wut«
 Zeitzeugen erinnern sich   9

»Ein Haus voll Glorie schauet«
 Kirche und Klerus im Widerstand   33

»Denn du hast uns bestellt zu Zeugen in der Welt«
 Berichte über den Widerstand fränkischer
 Männer und Frauen   59

»Wir stehen für Christus den Herrn bereit«
 Katholische Jugend im Widerstand   77

Namensalphabetisches Verzeichnis der Beiträge

Bernitzky Johanna, Frickenhausen, 10
Brimer Anton, Gemünden, 11
Groth-Schmachtenberger, 69
Heil, Altbessingen, 13
Höfling Anton, Langenprozelten, 14
Hohm Franz, Mömlingen, 15
Kober Hermann, 62
Kreutzer Hilde, Wolkshausen, 18
Kufner Hans, 85, 86
Kuhn Josef, Burgwallbach, 22, 23
Leeb Maria-Irmgard, Paderborn, 25
Lehner-Fuchs Hildegard, Bastheim, 27
Mauderer Georg, Ochsenfurt, 89
Mettenleiter Andreas, 61
Neisinger Oskar, 78, 91
Niebling Johanna, Untererthal, 92
Potschka Eva, Würzburg, 95
Pow, 74
Reising Gertrud, Mömbris, 27
Rockenmaier Dieter W., 34
Rößler Max, 97
Rößner Maria, Dettelbach, 28
Schmittner Monika, 47
Schneider Gertrud, Würzburg, 29
Schraut Josef, Erbshausen, 30
Schweßinger Bernhard, 71
Spieler Elfriede, Glattbach, 31
Weber Peter, Frankfurt, 55
Wegner Franz, Würzburg, 68
Weimann R., Triefenstein, 55
Wienand Lenz, Aschaffenburg, 96

Zum Geleit

Wir Menschen müssen uns unserer Geschichte stellen, wenn wir sie bewältigen wollen mit all ihren Höhen und Tiefen. Das Buch, das Sie in Händen halten, will einen kleinen Beitrag dazu leisten. Es beschäftigt sich mit dem Widerstand gegen den Nationalsozialismus aus christlicher Überzeugung in unserer fränkischen Heimat. Männer und Frauen berichten, wie sie diese Zeit erlebt haben. Es ist uns ein Anliegen, diese Stimmen für die Nachwelt festzuhalten.

Den Anstoß dazu gab Herr Hans Kufner, dem dies ein Herzensanliegen war und ist. Diese Initiative hat das Katholische Senioren-Forum Diözese Würzburg aufgegriffen und weiter verfolgt. Wir haben Seniorinnen und Senioren ermuntert zu berichten, wie sie diese Zeit des Widerstandes gegen die »Naziherrschaft« erlebt haben. Unsere Diözesanreferentin Frau Theresia Hörnig hat das Material gesammelt. Herr Hans Kufner hat es gesichtet und ausgewählt. Nach einem Gespräch mit dem Leiter des Echter-Verlags Herrn Thomas Häußner kam der Gedanke, diesen Stoff in einem Buch zu verarbeiten, für das dankenswerter Weise Herr Thomas Häußner die verlegerische Betreuung übernommen hat. So ist die vorligende Ausgabe »**Uns rufet die Stunde**« entstanden, das der Echter-Verlag in Zusammenarbeit mit dem Katholischen Senioren-Forum Diözese Würzburg und Herrn Hans Kufner herausgebracht hat.

Dieses Buch ist ein wertvoller Beitrag über den Widerstand aus christlicher Überzeugung in Franken. Dafür bedanke ich mich herzlich bei Herrn Hans Kufner, bei Frau Theresia Hörnig und bei Herrn Thomas Häußner für ihre Bereitschaft und für ihren Einsatz. Das Buch möge für Sie eine kleine Hilfe sein, die Geschichte unserer fränkischen Heimat in einer unheilvollen Zeit besser zu verstehen und aufzuarbeiten.

Walter Holzheimer, Diözesanaltenseelsorger

Vorwort des Herausgebers

Die Initiative des Katholischen Senioren-Forums der Diözese Würzburg, das, wie schon bei drei vorausgegangenen Büchern, die Seniorinnen und Senioren bat, eigene Erlebnisse, oder in Erfahrung gebrachte Beispiele, in diesem Fall des Widerstandes gegen die Naziherrschaft niederzuschreiben, war von einigen Schwierigkeiten begleitet, aus mehreren Gründen. Zum einen sind viele aus jener Generation bereits verstorben oder in so hohem Alter, dass sie nicht mehr zum Schreiben in der Lage sind, – zum anderen haben sich manche geäußert, sie möchten die damaligen Geschehnisse nicht ausbreiten, um nicht noch Lebende oder deren Nachkommen zu belasten.

Letztlich war für das Erscheinen dieses Buches jedoch ausschlaggebend, dass jetzt die letzte Chance besteht, Zeitzeugen zu befragen, da deren Generation in wenigen Jahren nicht mehr ansprechbar sein wird.

Die eingegangenen Berichte der Zeitzeugen sind in einem eigenen Abschnitt zusammengefasst. Weitere Abschnitte sind: Sonstige in Erfahrung gebrachte Beispiele des Widerstands, der Widerstand der Kirche und des Klerus, sowie der Widerstand der Jugend.

Das Buch ist nicht als wissenschaftliche Arbeit gedacht. Ebenso kann es keinen Anspruch auf Vollständigkeit erheben. Kommentare sind nur eingefügt, wo zum besseren Verständnis nötig. Ebenso sind stilistische oder grammatikalische Korrekturen aufs äußerste beschränkt, um die Authentizität zu erhalten.

Hans Kufner

»WOHL TOBET UM DIE MAUERN DER STURM IN WILDER WUT«
Zeitzeugen erinnern sich

Um die Kreuze in den Schulsälen

Als der Krieg begann, war ich zehn Jahre alt. Die Frauen weinten, als ihre Männer und Söhne in den Krieg mussten. Es war eine schlimme Zeit. Man durfte nicht über die Nazi schimpfen, man wurde gleich eingesperrt. Die Männer in den braunen Uniformen waren sehr gefürchtet. Man musste aufpassen, was man sagte. Eines Tages hieß es, die Kreuze sollten aus den Schulsälen entfernt werden. Meine Mutter war eine fromme Frau und wehrte sich dagegen und ging aufs Rathaus sowie zum Oberlehrer Hamann. Es wurde natürlich an den Kreisleiter nach Ochsenfurt gemeldet. Ein paar Tage später musste sie zum Kreisleiter und wurde verhört. Wir hatten Angst um sie, weil die Leute gleich eingesperrt wurden. Den ganzen Tag bangten wir um sie. Um fünf Uhr kam sie endlich doch heim. Den ganzen Tag wurde sie verhört. Weil sie sechs Kinder daheim hatte, haben sie Mutter wieder heimgelassen. Wir waren sehr froh und die Angst war überstanden.

Johanna Bernitzky, Frickenhausen am Main

Angriff auf die Unabhängigkeit der Rechtssprechung durch versuchte Einschüchterung des Richters

Unter dem 15. November 1934 berichtete mein Vater Dr. iur. utr. Anton E. Brimer (1898–1976, von 1951–1963 Direktor des Amtsgerichts Würzburg), damals Amtsgerichtsrat in Obernburg a. Main, als zuständiger Strafrichter auf dem Dienstweg dem Landgerichtspräsidenten in Aschaffenburg (Aktenzeichen A. V. 1269/34 AG Obernburg) folgendes*:

»Gegen den SA Mann V. M. von M. wurde mit Strafbefehl vom 23. Oktober 1934 wegen eines Vergehens der gefährlichen Körperverletzung eine Gefängnisstrafe von 3 Monaten ausgesprochen. Gegen diesen Strafbefehl hat M. rechtzeitig Einspruch eingelegt. Daraufhin wurde Termin zur Hauptverhandlung auf Mittwoch, den 14. November 1934 beim Amtsgericht Obernburg anberaumt. Auf Antrag des Verteidigers wurde dieser Hauptverhandlungstermin wegen kommissarischer Vernehmung eines Zeugen aufgehoben.
Am 12. November 1934 ließ mir der Ortsgruppenleiter der NSDAP in Obernburg durch den Vorstand des Bezirksamtes Obernburg mitteilen, dass die SA wegen der Bestrafung des M. sehr empört sei. Eine Verurteilung des M. in der Hauptverhandlung würde die SA nicht hinnehmen. Im Falle einer Verurteilung des M. sei beabsichtigt, gegen den Richter durch Zuhilfenahme der Presse vorzugehen und ihn unter die Räder zu bringen.
Am 14. November 1934 fanden sich eine Reihe von Personen teils in und teils ohne SA-Uniform im Gerichtsgebäude ein, um an der Hauptverhandlung gegen M. teilzunehmen. Die Absetzung des Hauptverhandlungstermines war ihnen nicht bekannt geworden. Unter diesen Personen befand sich auch der Ortsgruppenleiter der NSDAP in Klingenberg, der zugleich stellvertretender Kreisleiter war.
Dieser erklärte auf dem Gang des Amtsgerichtsgebäudes dem Vorstand des Amtsgerichts, was dieser mir mitteilte: »Ich komme, um der Verhandlung gegen M. beizuwohnen; der Mann muß freigesprochen werden. Ich habe auch einen SA-Führer mitgebracht«.

Soweit der Bericht.

* Von der Kenntlichmachung der Namen der Betroffenen wird abgesehen.

Das Gespräch am 12. November 1934, zu dem der Oberamtmann (entspricht jetzt dem Landrat, d. Verf.), meinen Vater zu sich in das Bezirksamt gebeten hatte, fand auf eine Bitte des 1. Bürgermeisters von Obernburg, Herrn B., statt. Dieser hatte im Bezirksamt vorgesprochen, den Sachverhalt vorgetragen und darum gebeten, dass der Oberamtmann mit meinem Vater sprechen solle. Er solle dabei darauf hinweisen, dass es dem Bürgermeister unangenehm sei, wenn es in Obernburg ein Durcheinander gäbe. Er würde es außerdem auch bedauern, wenn Dr. Brimer unter die Räder käme.

Zur gleichen Zeit wurde bei Schulungskursen, die für die Amtsleiter der NSDAP in mehreren Gemeinden durchgeführt wurden, Stimmung gegen meinen Vater gemacht. Der Tagungsleiter G. B. empörte sich über die Verurteilung des SA-Mannes und meinte, dass die Gerichte noch »zu schwarz« seien. Er suchte Freiwillige und rief die gesamte SA zur Teilnahme an der bevorstehenden Verhandlung auf, »da er handfeste Leute« brauche. Den Termin werde er noch bekanntgeben. Im übrigen wolle man erst die Saarabstimmung vorübergehen lassen, dann beginne eine neue Säuberungswelle.

Dass mit dem »schwarzen Gericht« mein Vater gemeint war, der aus seiner katholischen Überzeugung und Haltung nie einen Hehl machte, war offenkundig. Das bestätigte damals auch ein Kollege, Amtsgerichtsrat S., der meinem Vater, sich selbst distanzierend, vorhielt, dass mit »schwarzem Gericht« nur er, Brimer, gemeint sein könne.

Die Weigerung meines Vaters, dem Druck nachzugeben und einen Freispruch zuzusichern, führte schließlich dazu, dass der Führer des Sturmbannes III/4 am 28. November 1934 dem Vorstand des Amtsgerichts Obernburg Oberamtsrichter Koeppel erklärte, »er übernehme die Garantie, dass Störungen der Verhandlung durch die SA seines Befehlsbereiches nicht erfolgen«.

In Einlösung dieser Zusicherung erließ der Sturmführer unter dem 4. Dezember 1934 einen Sturmbannsonderbefehl, wonach es »jedem SA-Mann, gleichgültig ob Sturmzugehöriger oder nicht, verboten (wurde) in Uniform oder Zivil an der Verhandlung teilzunehmen«. Der Befehl schloss mit dem Hinweis: »Diese Maßnahmen müssen getroffen werden, um die freie Willensäußerung während der Verhandlung auf keiner Seite zu beeinflussen und ein gerechtes Urteil herbeizuführen.«

Die Hauptverhandlung gegen V. M. am 10. April 1935 verlief dann ohne jeden Zwischenfall. V. M. wurde wegen gefährlicher Körperverletzung zur Gefängnisstrafe von vier Wochen verurteilt.

Zum 1. Januar 1936 wurde mein Vater an das Landgericht Würzburg versetzt. Auch hier sah er sich als Richter in Zivilsachen dem Ansuchen der Rechtsbeugung durch den Gauleiter ausgesetzt, der ihm zu einem bestimmten Rechtsstreit telefonisch mitteilen ließ: »Die Gauleitung interessiere sich für den Ausgang der Sache.« Auch diesen Versuch der Einflussnahme wies mein Vater unter Hinweis auf den von ihm geleisteten Richtereid zurück, wonach er »ohne Ansehen der Person« zu urteilen habe und er dies auch tun werde.

Dr. Anton Brimer, Gemünden

Wahre Begebenheiten aus meiner Volksschul- und NS-Zeit

Ich kam 1931 in die Volksschule. Bei den Gottesdiensten spielte der Lehrer die Orgel. Die NS-Zeit war im Aufwind. Unser Lehrer war viel auf Lehrgang, er brachte es zum Offizier. 1936 musste die ganze Schulklasse den Katechismus beim Lehrer abgeben. Der Pfarrer ließ den Katechismus in kleiner Form drucken, die sogenannten »Katechismuswahrheiten«. Auch diese sollten wir abgeben, zwei Buben taten es. Der Lehrer holte sein Spanischrohr, und jeder, ob Bub oder Mädchen, bekam einen kräftigen Schlag auf die Hand, außer den zweien. Einem Mädchen schlug er vor Wut übers Handgelenk. Der Vater des Mädchens ging mit ihr zum Arzt, um Anzeige zu machen. Fehlanzeige! Der Pfarrer erklärte von der Kanzel: »Die Kinder sind unsere ersten Märtyrer.« Kann sich jemand vorstellen, was an diesem Tag in der Schule los war?
Der Pfarrer war ein Nazigegner. Öfter waren Staatsdiener beim Sonntagsgottesdienst in der Kirche, hielten sich versteckt hinter der Orgel. Der Pfarrer konnte die Vögel von der Kanzel aus nicht sehen. Wir Ministranten setzten uns bei der Predigt auf die Altarstufen und konnten so die ganze Kirche überblicken.
Auch hängte man dem Pfarrer eine Holzkeule an die Pforte, man wollte ihn unbedingt nach Dachau bringen. Das Verhältnis zwischen Lehrer und Pfarrer verschlechterte sich von Jahr zu Jahr.
1928 war Glockenweihe. Vier Glocken standen auf den Wagen, von klein bis groß. Unser Pfarrer stiftete die größte »die Hosanna«, stolz steht er daneben. Er hätte noch viel mehr für Altbessingen getan, wenn man ihn in Ruhe gelassen hätte. 1944 sind drei Glocken vom Turm geholt worden, die kleinste blieb oben.

Wenn Turnstunden waren, marschierten die ganzen Klassen in die Lehmgrube, ein Ort in der Flur, wo die Bauern Lehm holten, zum mauern oder verputzen. Die Buben spielten Fußball, die Mädchen machten andere Spiele. Der Lehrer nahm seinen großen Hund mit, die »Kora«. Der Pfarrer ging öfters mal mit seinem weißen »Spitz« in die Flur, hatte ein Buch in den Händen, ich dachte, er betete sein Brevier. Als wir dem Pfarrer begegneten, sagten wir »Gelobt sei Jesus Christus«. Der Lehrer laut und energisch: »Wie heißt der Deutsche Gruß? ›Heil Hitler!‹« Die zwei Hunde kamen sich auch in die Wolle. Es war was los, bis die Hunde sich beruhigten. Wir marschierten unseren Weg, der Pfarrer seinen.
1937 verließ unser Pfarrer für immer Altbessingen und zog in seine Heimat nach Kirchzarten im Breisgau. Der Krieg brachte uns nur Unheil, Krieg und Gefangenschaft.
Danke, du Nazizeit!

Frau Heil, Altbessingen

Erlebnis im Dritten Reich

Als Chronist zeichnete ich alle Begebenheiten auf. So auch die folgende: Im Oktober 1928 mauerte ich als Maurergeselle beim Bau der neuen Pfarrkirche im Heimatort, richtete Buntsandsteine und vermauerte diese. Der damalige Pfarrer Sebastian Pfriem animierte mich, dem Katholischen Arbeiterverein beizutreten.
Von der Mutter gläubig erzogen, neigte ich doch zur Weltanschauung meines Vater, der Sozi war. Ich besuchte 1930 die Katholisch-Soziale Volkshochschule in Seehof, die mein weiteres Leben prägte.
Als Bezirksjugendleiter besuchte ich die Jugendgruppen der einzelnen Vereine, Kreis Lohr, später auch Aschaffenburg, Obernburg und Alzenau. Im Jahre 1932 wurde die »Lichtschar« ins Leben gerufen, eine Elitegruppe besonders aktiver junger Männer.
Angesichts des Vormarsches der Nationalsozialisten wurde auch die politische Führung hellhörig und rief die »Bayernwacht« ins Leben, ein Gegengewicht zur SA. Da ich hier aktiv war, hat man mich als »Schwarze Wachtel« verschrieen.
Das Arbeitsamt Würzburg hatte in Gemünden eine Nebenstelle. Der Leiter dieser Stelle schikanierte die Arbeitslosen auf jede erdenkliche

Weise und war von allen gefürchtet. Betroffen waren vor allem Bauarbeiter, die ständig den Arbeitsplatz wechseln mussten. Sie mussten jedes Mal einen neuen Antrag stellen. »Schutzhaft« war damals ein gängiges Mittel der Partei, unliebsame Zeitgenossen ruhig zu stellen. Ich setzte mich beim Gewerkschaftsfunktionär ein, dass die Arbeitslosen menschenwürdig behandelt würden.
Freitag, 29. September 1933, 8 Uhr, Tumult im Arbeitsamt Gemünden. Man nahm mich als Anführer in Schutzhaft bis 21.30 Uhr im Rathaus. Grund: Ich hatte eine Bescheinigung vorgelegt, dass ich für meinen Vater gearbeitet hatte und dafür den Lohn von einer Mark erhalten habe. Davon wurde gesetzlich die Arbeitslosenunterstützung um die Hälfte gekürzt. Die gesamte Arbeitslosenunterstützung betrug sechs Mark die Woche. Es kam wie vorgesehen zum Streit, in den sich die meisten Anwesenden einmischten. Der Leiter verständigte den Kreisleiter, der im Bezirksamt residierte. Als er mich sah, sagte er: »Das ist doch die Schwarze Wachtel von Prozelle!« Damit war mein Urteil schon gesprochen. Wäre der kommissarische Bürgermeister nicht ein Sozifreund meines Vater gewesen, hätte man mich abends nicht wieder entlassen. Leicht endete solch eine Affäre in Dachau.
Am 4. August 1935 erhielt ich die Anordnung, die Doppelmitgliedschaft bei der Deutschen Arbeitsfront und dem konfessionellen Verein auszuschließen. Ich wählte pro forma den Austritt beim konfessionellen Verein, denn sonst hätte dies den Verlust aller Arbeitmöglichkeiten bedeutet.

Anton Höfling, Langenprozelten

Begeisterung – Gegnerschaft – Widerstand im 3. Reich

Gerade mal zwölf Jahre alt war der Schreiber dieser Zeilen, als Hitler an die Macht kam. Vor 1933 hatten wir zwar – bei uns in der Familie als Fantasten bezeichnet – nur SA Männer, die im gegenüber meines Elternhauses liegenden Gasthauses ihr Asyl hatten, kennengelernt. Mein Vater war Vorstandsmitglied des TV Mömlingen und Vorsitzender des Krieger- und Veteranenvereins. Mein älterer Bruder war bereits Geräteturner im TV, nichts lag also näher, als auch meine Sportambitionen im TV zu suchen. Leichtathletik war mein Metier, später kam auch noch Fußball dazu. Der TV gründete 1931/32 einen Spielmannszug, dem ich von

Anfang an zugehörte und das Spielen einer kleinen Trommel erlernte. Die politische Wende 1933 hatte im Vereinsleben vieles verändert. Vereine wurden verboten, NSDAP-Vereine für Leibesübung gegründet. JV, HJ und BDM waren für die Jugend von damals mit viel Propaganda die richtige Unterhaltung. Für uns junge Leute kam die Entscheidung, entweder nichts mehr zu tun oder der Hitlerjugend beizutreten.
Der TV-Spielmannszug wurde von der HJ voll übernommen, wer wollte da von uns Jungen beiseite stehen. Die Aussprache zwischen mir und meinen Eltern endete, nach meiner Bitte, wenigstens meinen geliebten Sport treiben zu dürfen, mit der Genehmigung, in die HJ eintreten zu dürfen. So nahm das Hineinwachsen in alles politische Geschehen seinen Lauf. Ein Jahr später, 1934, begann mit der Erlernung eines Berufes sowieso der Ernst des Lebens. Der Kriegerverein wurde erst später verboten, nur ließ mein Vater als Vorsitzender die Tätigkeit ruhen und langsam auslaufen. Die große Wende für ihn kam 1937, als der jetzt noch lebende Priester Josef Ball seine Primiz hier feiern wollte. Die Nazis verboten das sonst übliche Schmücken des Ortsbildes zum Empfang des Neupriesters und den Empfang selbst. Einige beherzte Männer, darunter auch mein Vater, fuhren in den Wald, schlugen junge Birken, schmückten die Straßen und sorgten für einen würdigen Empfang des Neupriesters. Der damalige Ortsgeistliche war begeistert von der Unterstützung der Mömlinger und der Empfang mit anschließendem Gottesdienst war für Mömlingen ein großes Ereignis.
Dem damaligen Kyffhäuserbund Aschaffenburg, – es war die übergeordnete Stelle der Kriegervereine, – wurde die Beteiligung meines Vaters bei der Primiz gemeldet. Drei Tage später hatte ich erstmals meinen Vater in Entrüstung und Wut gesehen, als ein Herr aus Aschaffenburg und ein begleitender Polizist meinem Vater Rechenschaft abverlangten wegen seiner Beteiligung beim Schmücken und Empfang des Neupriesters. Ich erlebte, damals 16-jährig, wie er all seine Unterlagen und Auszeichnungen des Vereins den beiden Herren vor die Füße warf und ihnen erklärte, dass er über seine Einstellung zum Dritten Reich niemand Rechenschaft schuldig wäre. Ganz schnell waren beide Herren verschwunden.
War das schon Widerstand? Damals noch ohne Konsequenzen.
Mein Bruder war Bäcker im elterlichen Betrieb, musste 1940 Soldat werden und verlor bereits 1941 in Russland sein linkes Bein durch Amputation nach schwerer Verwundung. Da in meinem Beruf zu dieser Zeit die Tätigkeit voll zur Ruhe gekommen war, ich selbst 1938 und 1940 zu Ver-

teidigungsbauten (Westwall und Flugplatz) dienstverpflichtet war, half ich meinem Vater ab Juni 1940 in der Bäckerei und der Landwirtschaft. Im März 1941 kam mein Stellungsbefehl, ich war in Erfurt Rekrut und Hilfsausbilder bis 1942 zur Abstellung zum Einsatz nach Russland. Meine Erlebnisse des gegenseitigen Mordens ließen mich ganz schnell zum Gewalt- und Kriegsgegner werden. Nach 1 1/4 jährigem Einsatz immer in vorderster Front und bereits als Unteroffizier wurde ich von einem Major gefragt: »Warum wollen Sie nicht die Offizierslaufbahn einschlagen?« Meine Antwort hatte ihn erschüttert: »Weil wir den Krieg nie gewinnen können.« Er drohte mir mit der Vorführung vor ein Kriegsgericht. Nur meine Erklärungen aus dem bereits Erlebten in all meinen Einsätzen haben mich vor Schlimmerem bewahrt.
War das Gegnerschaft oder Widerstand?
Damals war ich mir dessen nicht klar.
Mein letzter Kompaniechef in der Ausbildungskompanie in Regensburg, der ich fast das ganze Jahr 1944 angehörte, traf mich ein halbes Jahr nach Kriegsende vor meinem Elternhaus in Mömlingen wieder. Es war reiner Zufall. Er war Würzburger und hatte sich nach Kriegsende zu seinen Schwestern, die in Würzburg ausgebombt waren und in Obernburg Arbeit gefunden hatten, entlassen lassen. Abschied von ihm nahm ich in Lohberg im Bayrischen Wald, wohin wir der Bomben wegen 1944 aus Regensburg umgezogen waren und unterhalb des Arbers, in einem Bunkerlager hausend, unsere Rekruten ausgebildet haben. Wir waren zu dritt, als er mir eröffnete, mich wieder an die Front abstellen zu müssen und wir in Lohberg in einer Gaststätte, von mir erbeten, Abschied gefeiert haben. Wir unterhielten uns den ganzen Abend nur übers Kriegsende und die Zeit danach und versprachen uns am Ende mit überkreuzten Händen, wenn uns Gott die Heimat wiedersehen lässt, alles in unserer Macht stehende zu unternehmen, dass sich ein Krieg, solange wir leben, nicht wiederholt. Ein Stabsfeldwebel, ein Oberleutnant und ich als kleiner Unteroffizier versuchten Geschichte zu machen.
Als wir uns, wie beschrieben, wiedergesehen haben, war seine erste Erinnerung dieses damals gegebene Versprechen und seine erste Frage nach der Begrüßung war: »Was tust du jetzt?«
Seit dem Abschied in Lohberg hatte ich noch zwei Einsätze mitgemacht, in Oberschlesien und Franken, der letzte vor Kriegsende war in Obernbreit gegen die Amerikaner, und habe das Kriegsende in Iphofen im Lazarett nach meiner dritten Verwundung erlebt. ›Glück gehabt‹ nannten wir damals unsere Zeit. Im Juni 1945 war ich schon entlassen worden

und erlebte 24-jährig als Zivilist Familie, Heimat und Elternhaus wieder. Dort entdeckte ich im Elternhaus drei Waschkörbe voll Bücher, die von der katholischen Pfarrbücherei meinen Eltern zur Aufbewahrung anvertraut worden waren. Auch das war Widerstand, ganz so, wie ich meine Eltern gekannt habe. Nachtrag: Der Kompaniechef war Emil Bonfig und wohnte in Obernburg.

Ich selbst kam, wie beschrieben, geläutert, drei mal verwundet, im Januar die Füße erfroren, fünf Jahre der Jugend beraubt, mit guten Vorsätzen ins Leben zurück. Half meinem Vater wieder in der Bäckerei und in der Landwirtschaft, da mein Bruder mit einem Bein noch in Frankfurt auf seine Prothese wartete. Finde daheim einen Bürgermeister, der mir 1946 das Wahlrecht verweigerte, mit der Bemerkung, ich sei ein Nazi-Bübchen gewesen, obwohl er die politische Einstellung meines Elternhauses kannte und obwohl er wusste, dass ich bereits in der Jungen Union aktiv war. Es gab, so sah ich es damals, auch Menschen, die trotz der Nazizeit, fünf Jahren Krieg, unsäglicher Opfer vielseitigster Art, nichts dazu gelernt hatten.

Franz Hohm, Mömlingen

Ein Mädchen erinnert sich

Verhaftungen von Gemeinderäten

1935 hatte Franz Mall nach 16 Jahren sein Amt als Bürgermeister aufgegeben. Es war noch kurz vorher: Da stand früh um vier Uhr ein Lastauto vor unserem Haus. Hinten drauf standen Männer, Gemeinderäte aus den umliegenden Orten, von der SA abgeholt. Entsinnen kann ich mich noch an Georg Kreutzer. Er hatte einen Soldatenmantel an, der noch vom Ersten Weltkrieg stammte. Man merkte allen an, dass sie froren. Wir beobachteten alles von oben, von unserem Schlafzimmer aus. Ich kann mich noch entsinnen, wie Georg Kreutzer sagte: »Auf nach Dachau!« Soviel ich noch weiß, war er der einzige Gemeinderat von hier auf dem Laster. Sie wurden auf die Festung nach Würzburg gefahren. Mit dabei war auch mein späterer Schwager Franz Schneider aus Sulzdorf. Von ihm weiß ich, dass er an den Haaren auf den Laster gezogen wurde. Ob das so war, weil er sich gewehrt hatte, weiß ich nicht mehr genau. Ich weiß nur, dass man ihn auf der Festung blitzblau geschlagen hatte und er seitdem immer wieder eitrige Abszesse an der Lunge hatte.

Im Winter 1938/39 wohnte ich in Würzburg und habe ihn wegen dieser Krankheit öfter im Luitpoldkrankenhaus besucht. Er starb mit 49 Jahren, meine Schwester hatte vier kleine Buben und stand nun alleine da. Erinnerungen, die man nicht so leicht vergisst. Erst jetzt erfahre ich, daß ein älterer Mann aus Sulzdorf erzählte: »Es war spät abends, ganz dunkel, da haben junge Burschen einige SA-Männer auf dem Heimweg abgepasst und sie in die Wied geschmissen.« Das war der Feuerwehrweiher mitten im Dorf. Ob da Schwager Franz wohl dabei war?

Kristallnacht 1938

Am 3. November 1938 durfte ich nach einem abgearbeiteten Jahr nach Würzburg in eine Haushaltsschule. Ich war zwanzig Jahre alt. Kaum eingelebt, erfuhren wir nach der Frühmesse von den aus der Stadt Gekommenen mit traurigen Gesichtern, was in der vergangenen Nacht vorgefallen war. Es war der 9. November. Ich, als eine der Ältesten, durfte mich an dem Tag beim Frühstückstisch zu den Schwestern setzen. Dabei wurde ich gefragt, ob ich mich wohl traute, mal in der Stadt umzusehen, was da alles passiert war. Ich packte Mantel und Mütze und lief auf das Stadtinnere zu. Da konnte ich schon ab und zu Häuser sehen, in denen Juden wohnten, wo die ganze Habe aus dem Fenster geworfen war. Eine Frau aus der Kaiserstraße erzählte mir, heute früh seien vor einem Cafe Geschirr, Silbergäbelchen und Löffelchen auf der Straße gelegen. In dem damals noch wenig bebauten Frauenland war aus einer Villa alles rausgeschmissen. So schöne Möbel, Kanapees und bunte Sessel lagen zerkracht am Boden. Schön geblumte Kindersessel und Stühlchen, viele neue selbstgestrickte Socken und Kleider lagen herum. Das müssen reiche Leute gewesen sein.
Nachmittags um drei Uhr begegnete ich rechts neben der Michaelskirche fünf Männern in scharfem Schritt, jeder einen Prügel in der Hand. Die Mantelkrägen hochgeschlagen, gingen sie wütend rechts in den Hof. Ich blieb stehen, wie noch mehr Leute. Schon wurden im ersten Stock die Fenster geöffnet, Küchenschränke, Kanapee, Nachtkästchen und Betten aus dem Fenster geworfen. Jedesmal wenn es krachte, schrieen die Kinder. Wir Großen schauten uns traurig an.
Um fünf Uhr abends kam ich heim und erzählte den Schwestern. Uns allen ist die Gänsehaut aufgelaufen. Ich konnte nichts mehr essen an diesem Abend.

Der Krieg – Winter 1941/42/43

Unsere Soldaten sind an der Front in Russland bis weit, weit hinten im Ural. Es ist bitter kalt, gibt sehr viel Schnee und arge Schneestürme. Die Kälte geht bis an die 40 Grad. Die Soldaten sind argen Erfrierungen ausgesetzt. Es fehlt vielen an warmer Kleidung, Handschuhen und Socken. Wir hören davon täglich im Radio und sind deshalb arg in Sorge, wie wir helfen können.
Wir Mädchen von unserem Dorf taten uns zusammen, trafen uns abends in der Schule und machten warme Wintersachen. Habe aus warmem Stoff Fäustlinge geschnitten, oben drauf von unseren Leinen, damit es nicht gar so dick wird, und innen mit Schafwolle gesteppt. Auf die gleiche Art machten wir Brust- und Rückenschützer, auch mit Schafwolle gesteppt. Dann auch noch Kniewärmer mit Bendel zum Binden und dass sie nicht rutschen. Wir haben sie schnellstens abgeschickt und es kam auch mal ein Dankesbrief, haben wir doch in manche Päckchen unsere Adresse gelegt. Selbstgestrickte Socken gehörten natürlich auch dazu.
Im Februar kam unser Bruder Wilhelm mit einem Lazarettzug aus Russland. Er landete in Marienbad. Es waren dort alle großen Kurhäuser zu Lazaretten gemacht. Er hatte die Finger erfroren, an den beiden Daumen waren nur noch die Knochen. Franz und ich besuchten ihn dort. Es gab auch bei uns viel Schnee. In Marienbad lagen an beiden Straßenseiten meterhohe Schneerangen.
Bruder Alois hatte die Beine erfroren, lag in Quedlinburg, Theres und Lene fuhren fast zur gleichen Zeit und besuchten ihn dort.
Es ist Februar 1943. Lene, meine Schwester und ich hatten in Ochsenfurt zu tun. Die neun Kilometer heim sind wir zu Fuß gelaufen. Ein Zug ging nur früh und abends. Da traf ein Herr auf uns, der den gleichen Weg ging. Wir wussten einander viel zu erzählen und zu diskutieren. In mir wühlte schon jahrelang ein Hass auf das damalige System. Nicht nur, weil wir soviel mehr Arbeit auf Hof, im Stall und auf dem Acker hatten, es ging dies alles auch über unsere Kräfte. Und die Sorgen um unsere Brüder draußen an den Fronten waren immer da. Als noch der siebte unserer Brüder in den Krieg musste, da war uns das doch zuviel. Jeden Sonntag haben wir, meistens ich, an alle einen langen Brief geschrieben, auch dem Kreutzer Sepp. Kleine Bisquits gebacken, anderntags abends für alle Päckchen zurechtgemacht, mit geräuchertem Speck und Pudding dazu. Eine Woche durften wir 200 g-Päckchen verschicken, jeden

Monat ein Kilogramm. Drei meiner Brüder schrieben immer: »Wenn wir heimkommen, wollen wir dir alles gutmachen.« Ausgerechnet diese drei kamen nicht mehr heim. Sie weinten beim letzten Fortgehen, als hätten sie es gewusst.

Nun zu unserem Gespräch auf dem Heimweg von Ochsenfurt: Ich sagte unter anderem: Die sollen doch mal mit dem Krieg aufhören, wir verlieren ja doch. Da gibt der Herr zur Antwort: Pass auf, die kommen auch mal mit dem Auto und nehmen die schönen Mädchen mit. Von der Zeit an wussten wir, dass wir bespitzelt wurden. Wir kamen ein paar Mal abends in die Küche, der Vorhang war nicht zu. Da erkannten wir, es stand wer draußen am Fenster und horchte. Sobald wir in der Küche Licht machten, erkannten wir ihn.

Ich habe jede Woche mindestens dreimal nachts um eins den schweizerischen Radiosender Beromünster gehört. Das Radio stand in einer Ecke. Ich zog mir über Kopf und Radio eine Tischdecke und hörte den Schweizer Sender. Der brachte in deutscher Sprache alle Nachrichten über Frankreich, England, USA und die Ostfront. Wir wollten doch wissen, was an allen Fronten passierte, wo unsere Brüder waren. Der deutsche Sender sagte nicht immer die Wahrheit. Am meisten ärgerten wir uns über das Lied »Denn wir fahren, denn wir fahren gegen Engeland«.

Von Hitler kam damals eine Bekanntmachung, dass, wenn in einer Familie mehr als drei an der Front wären, einer davon heim dürfte. Vater schrieb damals gleich einen Antrag. Nach drei Wochen kam Josef, unser Ältester, heim. Kaum war er sechs Wochen daheim, bekam er von neuem einen Stellungsbefehl und musste wieder in den Krieg. Es war schon sonderbar, dass von einzelnen Höfen keiner in den Krieg musste, von unserem Vater mussten alle sieben Buben.

Hilde Kreutzer, Wolkshausen

Schicksalshafte Begegnungen

Auf den ersten Blick haben die beiden folgenden Begegnungen nichts miteinander zu tun. Aber sie sind insofern schicksalshaft, als die letztere in einer inneren Verbindung mit der voraus gegangenen steht.
Im Winter 1941/42 begegnete ich in Slonim im damaligen Ostpolen während einiger Rasttage auf dem Marsch nach Osten unversehens einer Frankfurter Schülerin, einer deutschen Jüdin, die den Auftrag hatte, den Fußboden unseres Quartiers zu putzen.
Es kam zu einem Gespräch zwischen uns, einem Gespräch, das eigentlich gar nicht erlaubt war. Aber da wir uns allein im Raum befanden, und das Mädchen Vertrauen zu mir gewonnen hatte, erzählte sie mir viel von ihrem Leben in einem KZ für deutsche Juden an diesem Ort.
Diese Begegnung erschütterte mich so sehr, dass ich ins Grübeln über die Unmenschlichkeit der Nazis kam, zu denen ich mich bisher als ehemaliger HJ-Angehöriger auch gezählt hatte, vielleicht auch zählen musste. Diese junge Jüdin hatte mir die Augen geöffnet und in mir den Entschluss reifen lassen, hinfort als Soldat in diesem Krieg innerlichen Widerstand zu leisten, das heißt, möglichst wenig Eigeninitiative zu zeigen und zu versuchen, ihn zu überleben, um vielleicht irgendwann Mitmenschlichkeit als kleinen Beitrag zur Wiedergutmachung in mein Leben einzubringen.

Zwei Jahre später befand ich mich in Wien, um nach einem Lazarettaufenthalt wieder fronttauglich zu werden. Eines Morgens wurde ich, damals als Unteroffizier, zum Bataillonskommandeur befohlen. Nachdem er sich mit meiner bisherigen militärischen Laufbahn befasst hatte, stellte er unversehens die Frage, warum ich als Abiturient kein Offizier sei, eine Seltenheit unter den damaligen Umständen.
Irgendwie muss mich der sogenannte gesunde Menschenverstand verlassen haben, und so antwortete ich: »Verzeihen Sie, Herr Major, ich wollte nicht die Verantwortung tragen, andere Menschen in den Tod zu schicken.«
Ich hatte kaum diesen Satz heraus, als der Verstand wieder da war, der Verstand, der mir sagte, dass ich im Augenblick mein Todesurteil gesprochen habe. Schließlich stand auf »Zersetzung der Wehrkraft« zumindest die Versetzung in ein Strafbataillon oder auch die Todesstrafe.
Der Kommandeur schaute mich groß an, sagte nichts dazu, gab lediglich den Befehl »Wegtreten«.

Die nächste Nacht habe ich kaum geschlafen. Ich glaubte zu wissen, was kommen würde. Und doch kam alles ganz anders. Ich wurde zum Militärarzt befohlen, der mich seltsamerweise lächelnd empfing. Ich dachte bei mir: Entweder ist er ein ausgesprochener Zyniker, oder aber ...?
Er untersuchte mich nur kurz und verabschiedete mich mit den Worten »Sie werden von uns hören«.
Am Nachmittag bekam ich den Bescheid, ich sei »a. v.« geschrieben, der untersten Kategorie der Wehrtauglichkeit, und würde mit sofortiger Wirkung als Rechnungsführer in das Lazarett »Südbahnhotel« auf dem Semmering versetzt.
Ich konnte mir auf all das keinen Reim machen. Erst als die Nachricht vom Attentat auf Hitler und die Zerschlagung des Widerstands innerhalb der Wehrmacht bekannt wurde, fand ich den Schlüssel zu dem, was ich erlebt hatte. Ich war offenbar an Leute vom Widerstand geraten, denen meine mutige Antwort ein Zeichen war, dass ich innerlich einer der Ihren war, und die mir helfen wollten, den Krieg unbeschadet zu überstehen.
Trotzdem entging ich dem Fronteinsatz nicht auf Dauer und erlebte das bittere Ende in Schlesien und die Gefangennahme durch die Russen. Aber der Glaube an Schutzengel ist in dieser Zeit in mir unvergänglich gefestigt worden.

Josef Kuhn, Burgwallbach

Widerstand gegen einen Erschießungsbefehl

Was für unbeabsichtigte tragische Folgen Widerstand haben kann, zeigt die folgende, ebenfalls von Josef Kuhn berichtete Begebenheit.

Es gibt Bilder, die man nie vergisst: Ich sehe ihn heute noch vor mir stehen, abgemagert, in zerlumpten Kleidern. Der struppige Bart, der fast das ganze Gesicht bedeckte, ließ keine Altersbestimmung zu. Er könnte vierzig, aber auch siebzig Jahre alt gewesen sein. Am unvergesslichsten aber sind für mich seine Augen. Sie schauen in eine nicht mehr existente Welt, nahmen scheinbar nichts mehr wahr, was um ihn herum vorging, Augen, die wissen, dass der Tod unabwendbar ist, aber in völliger

Hingabe an dieses Schicksal bereit sind, alles ohne sichtbare Gefühlsregung über sich ergehen zu lassen.
Ich habe viele Russen gesehen, die so in den Tod gingen. Gefangene, derer man sich wie lästiges Ungeziefer entledigte, Menschen, die man aus Übermut in den Tod schickte. Warum ich gerade von diesem Mann erzählen muss, liegt daran, dass ich an seinem Schicksal unmittelbaren Anteil hatte. Man hatte ihn eines Tages irgendwo gefangen und behauptete, er sei ein Partisan. Niemand fragte, ob dies überhaupt sicher war. Eines aber war sicher, er musste sterben, so wie alle ohne langes Federlesen hingerichtet wurden, die als Zivilisten Waffen mit sich führten und benutzten.
Das Schlimmste im Krieg war für mich weder das Kampfgeschehen, das ja Notwehr als Entschuldigung zuließ, noch das ohnmächtige Ertragen von Beschuss und Bombardements. Nein, es waren die Willkür, die Rachegelüste, die Freude am Quälen und an schlimmsten Unmenschlichkeiten.
So hatten sich die Soldaten, die ihn abgeliefert hatten, ein teuflisches Spiel ausgedacht. Sie gaben ihm einen Balken in die Hände und zwangen ihn, diesen über dem Kopf empor zu stemmen, setzten unseren, auf den Mann dressierten Hund vor ihn und sahen zu, wie das Tier jedesmal, wenn der Russe die Arme sinken ließ, ihn knurrend und zähnefletschend ansprang.
Als ich dazu kam, war der arme Mensch schon völlig erschöpft. Ich ließ ein paar missbilligende Worte fallen, worauf der dazu kommende Kompaniechef mich aufforderte, den angeblichen Partisanen zu erschießen.
Ich sollte also einen Menschen erschießen, den ich nicht kannte, von dem ich nicht wusste, ob er überhaupt eine Schuld auf sich geladen hatte, der mich nicht bedrohte, nein, das konnte und wollte ich nicht.
Und so verweigerte ich den Befehl, wohl wissend, dass das schlimme Konsquenzen haben konnte.
Der Kompaniechef reagierte mit einer Flut von Beschimpfungen, wobei die Bezeichnung »Feigling« noch die geringste war. Und so gab er den Erschießungsbefehl weiter an andere, an Qualgeister, die genüsslich reagierten. Sie trieben den Ärmsten ein Stück von dem Haus weg, in dem wir kampierten, gaben ihm einen Schanzspaten in die Hand und befahlen ihm ein Grab auszuheben. Der Russe gehorchte ohne eine Gefühlsregung. Als das Grab die nötige Tiefe hatte, luden sie ihre Gewehre. Im gleichen Augenblick kamen einige Soldaten aus einer anderen Einheit vorbei und erkundigten sich, was da geschehen sollte.
»Für den ist doch jede Kugel zu schade. Gebt uns einmal den Spaten,

mit dem geht es auch.« Ich werde nie vergessen, wie man ihm den Schädel einschlug.

Vielleicht kann man verstehen, dass ich bis zum heutigen Tage nicht um die Gewissensfrage herum komme, ob es nicht besser gewesen wäre, ich hätte nicht dem Befehl widerstanden, den armen Menschen erschossen und ihm die letzte Qual erspart. Vielleicht versteht man auch, dass ich die Augen dieses Menschen nicht mehr vergessen kann, die nicht einmal mehr das Entsetzen über soviel Grausamkeit widerspiegeln konnten.

Josef Kuhn, Burgwallbach

Unsere Kreuzerhöhung

Ich bin am 1. Februar 1929 in Kleinwallstadt am Main geboren, auf den Namen »Walburga« getauft und in Kleinwallstadt aufgewachsen. 1955 bin ich bei den Missionsschwestern vom Kostbaren Blut in Neuenbeken eingetreten und gehöre seit dieser Zeit der Ordensgemeinschaft an. Mein »Erlebnis« geht auf die Zeit meines Schulbesuches zurück.

Ich wurde 1935 eingeschult und war demzufolge im Jahr der Entfernung der Kreuze aus den Schulen (1941 oder 1942) im 6. bzw. 7. Volksschuljahr. Unsere Schulleitung und Gemeindeverwaltung waren allesamt überzeugte Nazis und so waren auch unsere Kreuze eines Tages abgehängt. Wir beschlossen untereinander, ein neues Kreuz zu kaufen und es einfach aufzuhängen. Dabei waren wir uns sicher nicht im Klaren, welche Konsequenzen dies für unsere Eltern, bzw. den Ortsgeistlichen haben könnte. Auf jeden Fall wollten wir das ganz unter uns machen und das war gut so.

An einem Donnerstag – vor dem Nachmittagsunterricht – sollte die »Kreuzerhöhung« stattfinden. Die Klasse war noch nicht vollzählig, aber einige Mädchen, die Bescheid wussten, waren da. Der Nagel vom alten Kreuz war noch da und so stand ich denn mit dem neuen Kreuz auf der Leiter und rief in die Klasse »dass mich aber keiner verrät«, als die Tür von außen abgeschlossen wurde. Wir waren also eingesperrt. Irgendwer musste unser Vorhaben ausgeplaudert haben.

Eisiges Schweigen, als der Unterricht begann. Die erste Frage war »wer hat das Kreuz aufgehängt«? Da mir blitzartig klar war, dass es keinen Sinn hatte zu schweigen, stand ich auf und sagte laut und deutlich »ich, Herr Lehrer«. Was dann folgte, glich einem Verhör. Wir merkten sehr bald, dass die Ausfragerei nicht zuerst auf uns gezielt war, sondern auf unsere Eltern und vor allem auf den Ortspfarrer Ludwig Spangenberger, der bei den Nazis auf der schwarzen Liste stand. Hätte man ihm nachweisen können, dass er hinter dieser Aktion stand, so hätte das unweigerlich für ihn den Gang ins KZ bedeutet wegen »Volksaufwiegelung«. Einige der Schülerinnen bekamen es mit der Angst zu tun, weil ihre Väter bei der NSDAP waren und sie zuhause Ärger befürchteten. So sondierten wir zunächst die Klasse unter diesen Gesichtspunkten in solche, die »zufällig« im Raum waren und solche, die das Verbrechen begangen hatten. Es blieben dann drei oder vier Schülerinnen übrig, die stundenlang, auch am darauf folgenden Freitag, vor dem Ortsgruppenleiter beweisen mussten, dass sie ganz von sich aus diese Aktion gestartet hatten. Ich kann mich noch erinnern, dass ich nach Haus kam, mich in die Ecke setzte und stundenlang heulte. Am Samstag kam nochmals der Schulleiter in mein Elternhaus und wollte meine Eltern ausfragen, die natürlich »nichts wussten«. Unsere Rettung vor dem »Nazi-Umerziehungslager« war schließlich unser Klassenlehrer Gabriel Haupt, der uns bescheinigte, dass wir die »Elite seiner Klasse« seien und uns ansonsten nichts zuschulden kommen lassen. Zur Strafe wurde ich meine »Ämter« los, wie Klassensprecherin, Verantwortliche für den Heilkräuterspeicher und anderes mehr, sehr zu meiner eigenen Freude. Es wurde auch davon abgesehen, mich für die Überführung in die Lehrerbildungsanstalt der NSDAP vorzuschlagen, sehr zur Freude meiner Eltern. Nach dem Umsturz konnte ich unserem Klassenlehrer sein Eintreten für uns danken. Er war, wie alle Männer im Staatsdienst, bei der SA und wurde von den Amerikanern gefangen genommen. Ich konnte ihm durch ein Attest über sein damaliges Verhalten zur Freilassung verhelfen. Unser Kreuz verschwand natürlich aus dem Klassenraum. Man fand es nach 1945 im Lehrmittelraum der Schule. Es bekam einen Ehrenplatz in der Waldkapelle von Kleinwallstadt.

Sr. Maria-Irmgard Leeb eps, Paderborn, damals Kleinwallstadt

Die NSDAP-Christenverfolgung

»In unserer Familie wird erzählt, dass eifrige Hitler-Anhänger ein großes Feldkreuz in Dorfnähe entfernten, zur großen Empörung der Pfarrangehörigen, die aber teilweise große Angst hatten, Schwierigkeiten zu bekommen, wie das in Diktaturen der Fall ist.
Im Schutz der Nacht gingen einige Kolpingmitglieder in die Halle, wo das Kreuz nun lagerte, und trugen es zurück auf seinen Flurplatz, stellten es heimlich wieder auf – und es blieb stehen bis heute, in Salz bei Bad Neustadt/Saale. Mit dabei war der Bruder von der Pfarrköchin Anna Türk, die lange beim Neutestamentler Prof. Schnackenburg kochte – der schon verstorbene Sebastian Türk. Es hat Mut dazu gehört, in dieser braunen Zeit zum Glauben zu stehen!«

Hildegard Lehner-Fuchs, Bastheim

Erinnerungen an eine sehr schwere Zeit

Am 3. Januar 1933 wurde ich in Mömbris geboren. Vom Beginn der Nazizeit weiß ich nur vom Erzählen. Ich wuchs auf in einer sehr strengen katholischen Familie. Wir wohnten mit Oma und Tante Theres zusammen. Jedes Jahr um Weihnachten erzählte Oma mir die gleichen schrecklichen Erlebnisse vom Jahre 1936.
Kurz vor Weihnachten sollte in Mömbris ein großer Stürmerkasten von der SA aufgestellt werden. Der damalige Bürgermeister, ein überzeugter Hitlerfan und Gegner des katholischen Priesters Wörner und von Kaplan Dümig, ließ die Predigten und Gottesdienste von der SA überwachen. So trafen sich an dem Tag, da der Stürmerkasten aufgestellt wurde, ungefähr tausend Menschen auf dem Adolf-Hitler-Platz zu einer Demonstration. Sie kamen aus Schimborn, aus Gunsenbach, aus Mensengesäß und Umgebung. Sie begrüßten die SA mit Pfui-Rufen. Im Gotteshaus waren Tag und Nacht Andachten. Im Pfarrhaus hielten Männer Nachtwache, um die Priester zu schützen. Dann wurde Pfarrer Wörner nach Würzburg zum Bischof bestellt um zu berichten. Auch von der SA wurde er dahin verfolgt. Auf dem Heimweg wurde er verhaftet. Als dies in Mömbris bekannt wurde, war es aus mit der Ruhe. Die Gläubigen trafen sich zuerst im Gotteshaus und dann auf der Straße vor dem Anwesen des Bürgermeisters, mit Pfui-Rufen machten sie sich Luft.

Dann trat der Bürgermeister vor die aufgebrachte Volksmenge und erklärte, dass er die »Volksverhetzer«, wie er sie nannte, alle verhaften lasse. Er gab die Namen laut bekannt. Therese Hammer, Emma Schwarzkopf, Adolf Vogt, Karl Mehler und Rudolf Grünewald. Darauf strömten alle wieder zur Kirche um zu beten. Am 21. Dezember früh morgens wurden die fünf »Volksverhetzer« verhaftet und von der SA nach Aschaffenburg ins Gefängnis gebracht.
Als Kind von knapp vier Jahren kann ich mich noch gut erinnern, dass ich meine Oma die nächsten Tage nur noch weinend und betend erlebte. Ich konnte doch nicht begreifen warum. Meine Tante Theres, 23 Jahre alt, war vor Weihnachten nicht mehr da. Doch am ersten Weihnachtsfeiertag wurden alle fünf wieder auf freien Fuß gesetzt. Kaplan Dümig wurde nach kurzer Zeit verhaftet und ins KZ nach Dachau gebracht. Pfarrer Wörner durfte nicht mehr nach Mömbris zurück kommen. Er wurde nach Hettstadt versetzt.
Noch lange Zeit nach Weihnachten, wenn meine Tante Theres nur ein Auto hörte, fing sie an zu weinen, und verkroch sich in ihr Zimmer.
Und jedes Jahr vor Weihnachten wurden diese schrecklichen Tage wieder ins Gedächtnis zurück geholt.
Der Bürgermeister war nach der Nazi-Zeit in der Mömbriser Kirche Küster und Ministrant. In Sandalen und barfuß, so kann ich mich an ihn erinnern.

Reising Gertrud, Mömbris

Schulerlebnisse

Meine Schulerlebnisse während der Zeit des Nationalsozialismus in Euerfeld:
Mein Vater, Gregor Metzger, war ein guter Katholik und sehr streng mit seinen Kindern. Als ich in der Schule gefragt wurde, ob ich zum BDM dürfe, verbot er es mir.
Unser Lehrer war Ortsgruppenleiter und ein großer Nazi. Als Nichtmitglied des BDM hatte ich besonders in der Schule eine schwere Zeit. Der Lehrer spielte die Orgel in der Kirche. Als ich eines morgens zur Kommunion gegangen war, kam er ohne den üblichen Gruß »Heil Hitler« auf mich zu und überraschte mich mit der Frage: »Was hast Du heute auf?« Ich erschrak so sehr und brachte kein Wort mehr heraus. Als Strafe bekam ich von ihm vier Schläge mit dem Stock auf die Hand. Mit den

Worten: »Ehe man zur Kommunion geht, lernt man seine Hausaufgaben!« Von diesem Zeitpunkt ab konnte ich nicht mehr sprechen, sobald jemand auf mich zukam.

Viele andere Schikanen musste ich noch erleben. So war ich bei jeder Veranstaltung gezwungen, mit zwei anderen Mädchen, welche auch nicht beim BDM waren, ganz hintennach zu marschieren. Während der Schulentlassung in der Wirtschaft mussten wir auf dem Musikantenpodium sitzen und Herr Keller wies beschämend auf uns hin: »Sagt selbst, sieht so Deutschlands Zukunft aus?« Im Betragen bekamen wir schlechtere Beurteilungen als die anderen.

Am zweiten Pfingsttag fuhren ich und vier weitere Mädchen mit den Fahrrädern nach Dettelbach zur Wallfahrtskirche. Um nicht an der Lehrerwohnung vorbei fahren zu müssen, machten wir einen Umweg über Prosselsheim. In Dettelbach stellten wir unsere Fahrräder in der ersten Wirtschaft ab und gingen zu Fuß zur Kirche. Als wir zurück kamen, berichtete uns der Wirt: »Ihr ward gerade fort, da kamen zwei Polizisten und wollten eure Fahrräder abholen.« Nur durch die Antwort des Wirtes »bei uns sind nur Fahrräder von Hitlerjungen«, konnten die Gendarmen von ihrem Vorhaben abgehalten werden. Wir waren dem Wirt sehr dankbar.

Ein halbes Jahr vor Schulschluss konnte es mein Vater nicht mehr mit ansehen, wie ich behandelt, gequält und geärgert wurde und gab mir die Erlaubnis, dem BDM beizutreten. Doch wollte ich nicht mehr!

Maria Rößner, Dettelbach

Treue-Kundgebung der Jugend

Ich war damals Mitglied der Katholischen Jugend in Würzburg, unter der inoffiziellen Führung von Oskar Neisinger und Ludwig Altenhöfer. Es war 1941, wir feierten das 1200-jährige Jubiläum der Bistumsgründung. Es waren verschiedene Predigten im Dom und am Sonntag (wenn ich mich recht erinnere war es Christkönig!) war große Feier im Dom mit mehreren Bischöfen. Zu den zahlreichen Teilnehmern zählte vor allem die Katholischen Jugend. Nach dem Gottesdienst versammelten wir uns, wie sonst schon öfter, vor dem Bischofs-Palais. (Wenn ich mich recht erinnere, war da im Hintergrund eine Polizei-Station). Als dann die Bischöfe kamen, riefen wir in vollem Chor und voller Lautstärke

»Treu Heil, Treu Heil!«. Wir bekamen von allen Bischöfen den Segen, aber das Rufen ging weiter. Wenn der Abt von Münsterschwarzach dabei war (die Abtei war 1941 aufgehoben worden), rief gelegentlich auch der Chor, in tieferer Stimmlage, »Münsterschwarzach, Münsterschwarzach!«. Waren die Bischöfe im Haus verschwunden, ertönte immer wieder der Ruf: »Wir wollen unsern Bischof sehen!«, bis er am Fenster erschien und uns den Segen gab. Diesmal kam dann der Ruf: »Wir wollen alle Bischöfe sehen!«, das auch, bis die Bischöfe an den Fenstern erschienen. Wir waren voller Begeisterung für unseren Bischof und damit für die Kirche.

Wie ich hörte, hat es auf dem Heimweg und auch am nächsten Tag in der Schule für manche Teilnehmer Schwierigkeiten gegeben mit dem NS-Regime.

Gertrud Schneider, Würzburg

Eine Caritas-Sammlung 1935 und ihre Folgen

»Von 1931 an war ich in der Katholischen Jugend Würzburgs tätig. In der Burkarder Straße bei den Salesianern hatten wir unsere Heimabende. Präses war Pater Georg Ahrend. Einen Tag vor dem Caritas-Sonntag fragte uns der Präses: »Wer geht morgen für die Caritas sammeln?« Ich meldete mich mit meinem Freund. Am Sonntag früh nach dem Gottesdienst machten wir uns auf den Weg: Alte Mainbrücke, Domstraße, Hofstraße. An der Stelle, an der sich heute die Städtische Sparkasse befindet, schlug mir plötzlich ein Mann auf die Schulter und sagte: »Machen Sie keinen Fluchtversuch, Sie sind verhaftet. Folgen Sie mir unauffällig durch die Maxstraße zur Ludwigstraße.« Hier befand sich das Büro der Gestapo. Der Mann, der mich festnahm, war der Polizeipräsident. Mein Freund flüchtete in die gegenüberliegende Bibrastraße. Im Büro in der Ludwigstraße gab es zunächst Ohrfeigen und üble Beschimpfungen: »Euch legen wir Euer Handwerk« usw. Alles wurde mir abgenommen. Mit einem Motorrad wurde ich nun zum Polizeibüro am Unteren Markt gebracht, wo ich ganz schroff behandelt wurde. Man nahm mir buchstäblich alles weg und sperrte mich in eine Zelle unter dem Dach ein. Die Einrichtung der Zelle: ein Eisenbett mit zwei Decken und in der Ecke der ›Topf‹! Zu essen bekam ich eine Tasse Malzkaffee und ein trockenes Brot. So vergingen die erste Nacht und die folgenden. Weder meine Eltern, noch mein Chef wurden verständigt. Als ich so auf der Pritsche lag, sah ich in der Wand etwas eingekritzelt und das hieß: »Tröste dich mit mir – ich war auch drei Tage hier«. Mit größeren Belehrungen und Rückgabe meiner abgenommenen Sachen wurde ich entlassen. Nach vier Wochen war dann öffentliche Gerichtsverhandlung. Der Würzburger Rechtsanwalt Döhling verteidigte mich. Wie ich später im Krieg erfuhr, starb er im KZ. Ich selbst erhielt drei Tage Haft oder 120 Mark Geldstrafe. Wie einfach ist doch heute eine Sammlung gegen damals!«

Josef Schraut, Erbshausen

Erinnerung an die Nazi-Zeit

Nach Abschluss der mittleren Reife suchte ich 1938 eine Lehrstelle als kaufmännische Angestellte. Bei einer großen Kleiderfabrik in Aschaffenburg habe ich mich vorgestellt. Die erste Frage des Personalchefs war »Sind Sie beim BDM?« Ich gab zur Antwort: »Das ist doch kein Muss!« Der Herr schnauzte mich heftig an mit den Worten: »Sagen Sie das nicht so laut!« Ich war damit entlassen, die Stelle bekam ich nicht.
Aber trotzdem hatte ich dann Glück bei einer kleineren Firma, der Chef schaute die Zeugnisse an und ich wurde eingestellt. Ich hatte allerdings täglich einen weiteren Weg per Fahrrad zu meinem Arbeitsplatz.

Elfriede Spieler, Glattbach

Tausende Gläubige bei den Kilianifestwochen wie hier 1935

»EIN HAUS VOLL GLORIE SCHAUET«
Kirche und Klerus im Widerstand

Der Kampf der Nationalsozialisten gegen den Katholizismus in Unterfranken

Von Dieter W. Rockenmaier

Der wütende Kampf der Nationalsozialisten gegen die katholische Tageszeitung »Fränkisches Volksblatt« war Teil einer letztendlich auf die Eliminierung des ganzen Katholizismus in Unterfranken zielenden Strategie; ihr Hauptstoß richtete sich von Anfang an gegen die Amtskirche und ihren populären Exponenten: Bischof Matthias Ehrenfried.
Der 1871 im mittelfränkischen Absberg geborene und seit 1924 auf dem Stuhl des heiligen Kilian amtierende Oberhirte der Diözese Würzburg, zuvor Professor für Dogmatik an der Philosophisch-Theologischen Hochschule in Eichstätt und Zeit seines Lebens ein überzeugter Monarchist, war und blieb – im Gegensatz zu anderen Bischöfen im Deutschen Reich – all die braunen Jahre ein erklärter Gegner der Nazis. Er sah auch nach 1933 keinen Grund, von jener pastoralen Anweisung abzugehen, die die Erzbischöfe und Bischöfe Bayerns im Februar 1931 dem Klerus erteilt hatten:
»Was der Nationalsozialismus Christentum nennt, ist nicht mehr das Christentum Christi. Die Bischöfe müssen also als Wächter der kirchlichen Glaubens- und Sittenlehre vor dem Nationalsozialismus warnen, solange und soweit er kulturpolitische Auffassungen kund gibt, die mit der katholischen Lehre nicht vereinbar sind.«
In der Anweisung wurde allen Geistlichen streng verboten, an der nationalsozialistischen Bewegung »in irgendeiner Form« mitzuarbeiten. Weiter hieß es wörtlich:
»Die Teilnahme von Nationalsozialisten an gottesdienstlichen Veranstaltungen in geschlossenen Kolonnen mit Uniform und Fahne ist und bleibt verboten, weil eine solche Kirchenparade das Volk auf den Gedanken bringen müßte, die Kirche habe sich mit dem Nationalsozialismus abgefunden.«
Bischof Ehrenfried achtete in seiner Diözese unnachsichtig auf die Befolgung dieser pastoralen Richtlinien und ließ auch dann nicht von ihnen ab, als nach der Machtergreifung der Druck der Parteiorgane auf den unterfränkischen Klerus immer stärker wurde. Zwar ersetzte Ehrenfried die Anweisung von 1931 im April 1933 durch eine neue, die aber nur

*Bischof
Matthias Ehrenfried*

geringfügige Abwandlungen enthielt. So lehnte der Bischof die Einbeziehung von Gottesdiensten in nationalsozialistische Kundgebungen weiterhin ab und machte die Erlaubnis zur Abhaltung von Gottesdiensten im Freien oder zum Läuten der Kirchenglocken aus staatlichen Anlässen davon abhängig, dass »von Fall zu Fall die oberhirtliche Genehmigung« eingeholt werde. Uniformierte Kirchenbesucher hatten die Kopfbedeckung abzunehmen.

Um den NS-Stellen allerdings keine Rechtfertigung zum Einschreiten zu verschaffen, ließ Matthias Ehrenfried am 6. Juli 1933 im Diözesanblatt folgenden Erlass an die Geistlichkeit veröffentlichen:
»Die katholische Kirche hat sich von jeher aus innerer Gewissensüberzeugung auf seiten der rechtmäßigen Obrigkeit und staatlichen Autorität gestellt. Daher werden jederzeit die katholischen Priester und das katholische Volk die rechtmäßige nationale Regierung anerkennen und sich in Übereinstimmung mit den göttlichen und kirchlichen Gesetzen gehorsam unterordnen.
Bei den noch neuen Verhältnissen der Gegenwart mögen von seiten untergeordneter Stellen Fehl- und Übergriffe vorkommen, welche die Einordnung und das Einfühlen in die nationale Bewegung erschweren und

trüben. Es ist aber nicht die Aufgabe des einzelnen Priesters, solche Vorkommnisse zu beurteilen und abzustellen; soweit Veranlassung dazu gegeben ist, wird die kirchliche Oberbehörde selbst solche Angelegenheiten behandeln. Wir richten daher an die Hochwürdigen Herrn die Anordnung, im Gotteshause jede parteipolitische Äußerung zu unterlassen, bei allen seelsorgerlichen Amtshandlungen jede Kritik der neuen Verhältnisse zu vermeiden, sei es direkt oder auch nur indirekt durch Vergleiche oder Anspielungen. Auch im privaten Verkehr und im öffentlichen Leben müssen die Priester in der gegenwärtigen noch gärenden Zeit sich größte Zurückhaltung auferlegen; das fordert sowohl ihre geistliche Stellung wie die christliche Klugheit und Liebe. Um gegen etwaige Anklagen gedeckt zu sein, empfehlen wir den Geistlichen genaue Vorbereitung ihrer Predigten und deren schriftliche Festlegung. Auch im Religionsunterricht und der Christenlehre ist gleiche Sorgfalt geboten. Sind Strafen und Tadel an Schülern notwendig, so ist jederzeit sicherzustellen, daß diese nichts mit der Zugehörigkeit der Schüler zu einer nationalen Organisation zu tun haben. Oft wird sich vorherige Rücksprache mit den Eltern empfehlen.«

Letzten Anstoß zu dem Erlass dürften die Vorkommnisse bei der Würzburger Fronleichnamsprozession im Juni 1933 gegeben haben. An der Prozession hatte auch die Hitlerjugend mit einem Zug von 600 Jungen in Uniform teilnehmen wollen, doch war dies vom Jungbannführer dem Ordinariat erst nach Abschluss der mit der Polizei abgesprochenen und bereits gedruckten Zugordnung mitgeteilt worden. Als man daraufhin dem HJ-Führer empfahl, die Hitlerjungen sollten sich in Uniform bei ihren Klassen einreihen, lehnte er dies barsch ab. Die Rache folgte auf dem Fuß. Als Bischof Matthias nach der Prozession in Begleitung einiger Domkapitulare zum Bischöflichen Palais zurückkehrte, hatten sich dort einige hundert Nationalsozialisten und Hitlerjungen aufgestellt, die mit Droh- und Pfui-Rufen dagegen protestierten, dass man der HJ zuliebe die Zugordnung der Fronleichnamsprozession nicht mehr hatte ändern mögen. Zuvor schon war es am Bruderhof zu einem Zwischenfall gekommen, über den das »Fränkische Volksblatt« am nächsten Tag berichtete:

»Als sich vor dem zweiten Evangelium die Spitze der Prozession nach dem Einzug in den Dom schon wieder auflöste und die Mitglieder der katholischen Jugendvereine in losen Gruppen, wie es dem Aufzugsverbot entspricht, sich nach Hause begaben, wurden drei von ihnen von etwa 30 Gegnern überfallen und ihres blauen Hemdes mit Gewalt

beraubt. Da dies am Eingang zum Bruderhof, also in der Nähe des Prozessionsweges geschah, bemächtigte sich eines Teiles der Prozessionsteilnehmer und der Zuschauer eine gewisse Erregung. Die Polizei riegelte sofort den Zugang zu den benachbarten Straßen ab und machte dem Auflauf ein Ende. Auch an einigen anderen Stellen äußerte sich die vorhandene Spannung in Zurufen und Drohungen an einzelne Gruppen der katholischen Jugend. Da diese sich genau an die Anweisungen der Polizei hielten und andererseits auch Mitglieder der SA sich bemühten, die Entstehung von Konflikten zu verhüten, so nahm der übergroße Teil der Prozessionsteilnehmer und der Zuschauer überhaupt nichts wahr von diesen Vorkommnissen. Trotzdem wollen wir hiermit den Wunsch aussprechen, daß die ganze Stadt ohne Unterschied des Bekenntnisses und der Parteizugehörigkeit mithelfe, daß die sonst so friedliche und vornehme Stadt Würzburg nicht in Gefahr komme, daß das Faustrecht auf ihren Straßen Platz greife.
Auch am Nachmittag ereigneten sich noch ähnliche Zwischenfälle vor der Stift-Haug-Kirche und vor dem Burkardushof.«

Wie sehr bereits in den ersten Monaten des Jahres 1933 der unterfränkische Klerus von den Nazis drangsaliert wurde, wohl auch um den standhaften Bischof zu größerer Konzilianz zu bewegen, geht aus den nachfolgenden Zeilen Ehrenfrieds an einen Freund in Eichstätt vom 12. Juli 1933 hervor:
»Ich weiß nicht, ob in den letzten 14 Tagen ein anderer Bischof Bayerns so viel durchgemacht hat wie ich um der Kirche wegen. In meiner Diözese sind die meisten Geistlichen (von allen Diözesen) in Schutzhaft genommen worden. Es waren einmal über 40. Der Ernst der Lage war so groß, daß ich meine Visitation unterbrechen und nach Würzburg zu Dauerberatungen zurück mußte. Dazu wurden einige meiner Geistlichen wirklich körperlich mißhandelt. Einer wurde von SA-Leuten in das Braune Haus geschleppt und dort mit Peitschen geschlagen. Dann stellte sich heraus, daß der betreffende Geistliche gar nicht auf der Liste der Zuinhaftierenden stand ...
Vor 14 Tagen wollten sie auch mich in Haft nehmen. Es war alles bereits disponiert. Bei den Hausdurchsuchungen fanden sie in Gunzenhausen bei meinem Kursgenossen Götz einen Brief von mir vor, den sie beschlagnahmten. Darin hatte ich – etwa am 15. März – mit der Überreichung meines Hirtenbriefes auch einige kritische Bemerkungen über die neue Bewegung gemacht. Nur durch das Eingreifen des Polizeidirektors, der

für die Verhaftung des Bischofs die Zustimmung Münchens als erforderlich hielt – diese traf aber nicht ein –, bin ich frei geblieben.«

Da die Nationalsozialisten dem verhassten Bischof nicht auf legale Weise beikommen konnten, versuchten sie es ab 1934 mit Terror und Gewalt. Dreimal zwischen 1934 und 1938 stürmte der Mob im Auftrag der Partei das Bischöfliche Palais in der Herrngasse, wurden die Innenräume gewaltsam durchsucht.

Zu der ersten Terroraktion kam es am 7. April 1934. Ihr war eine Auseinandersetzung zwischen dem Pfarrer von Waldbüttelbrunn, Josef Stöger, und dem aus dieser Gemeinde stammenden Würzburger Rechtsrat und zweiten Bürgermeister Dr. Oskar Dengel (1899 – 1964) vorausgegangen. Dengel war ein fanatischer Nationalsozialist, der es zwischen 1941 und 1945 auch zum Regierungsvizepräsidenten von Unterfranken brachte und durch seine antikirchlichen Maßnahmen mehrfach Aufsehen erregte. Die Auseinandersetzung endete mit der Verhaftung des Pfarrers, der nur unter der Bedingung wieder freigelassen wurde, dass er sich in Waldbüttelbrunn nicht mehr blicken lasse.

Doch Bischof Ehrenfried schickte Stöger in seine Pfarrei zurück, um die Erstkommunion am Weißen Sonntag vorzubereiten. Als der Pfarrer daraufhin erneut verhaftet wurde, ordnete das Ordinariat die Verschiebung der Erstkommunion an. Angeblich um die Rücknahme der Anordnung zu erreichen, inszenierte die NSDAP am Tag vor dem Weißen Sonntag vor dem Bischöflichen Palais einen Volksauflauf. Mit einem langen Rammbock wurde das Portal aufgesprengt, und ein SA-Führer verlangte eine Unterredung mit dem Bischof, die ihm auch gewährt wurde. Als Matthias Ehrenfried auf massive Drohungen nicht reagierte, gab sich der SA-Führer mit der Versicherung zufrieden, die Erstkommunion in Waldbüttelbrunn werde »sobald als möglich« nachgeholt.

Der zweite Sturm auf den Bischofssitz erfolgte am 28. April 1934, weil die Erstkommunion bis dahin noch immer nicht stattgefunden hatte. Doch diesmal war der Oberhirte gar nicht anwesend und übernachtete bei seiner Rückkehr von auswärts vorsichtshalber im Juliusspital.

Der dritte Überfall ereignete sich 1938. Wegen eines Streites um den zum Altkatholizismus übergetretenen Kaplan von Holzkirchhausen bei Marktheidenfeld, Rudolf Herold, in den sich die Gauleitung einschaltete, kam es vor dem Palais in der Herrngasse nach gehabtem Vorbild zu einem neuen Volksaufstand. Wieder wurde das Portal eingeschlagen, angeblich von Einwohnern aus Holzkirchhausen.

Doch je stärker Partei, SA und Gestapo Druck auf den im Volk sehr beliebten Bischof und die Geistlichkeit ausübten, um so enger wurde das Verhältnis der praktizierenden Katholiken Unterfrankens zu ihrer Kirche. So kann man in den regelmäßigen Lageberichten des Regierungspräsidenten von Unterfranken, des Gauleiters Dr. Hellmuth, an die bayerische Regierung unter dem 8. August 1936 nachlesen:

»Eine auffällig starke Beteiligung weisen die auf Anregung des Diözesanbischofs während der Kilianifestwoche durchgeführten Wallfahrten der Landgemeinden an das Grab des Frankenapostels auf. Mehr als 10 000 Pilger besuchten bereits in den ersten drei Tagen die Reliquien der Frankenapostel.«

Am 8. März 1937 meldete der Regierungspräsident nach München:
»Am 21. Februar wurde in Marktheidenfeld für die katholischen Männer des Dekanats eine Bekenntnisstunde abgehalten. Die Feier war aus nah und fern derart gut besucht, daß sie abends wiederholt werden mußte.«

Und am 8. Mai 1937 verzeichnete der Lagebericht zum Beispiel:
»Bei der Firmungsreise des Bischofs von Würzburg im Landbezirk Würzburg waren die Häuser in einzelnen Ortschaften in einer Weise geschmückt, wie dies bei sonstigen Anlässen nicht der Fall war. Die Bevölkerung soll teilweise eine bemerkenswerte Begeisterung an den Tag gelegt haben. Die Anregung, auch bei kirchlichen Anlässen die Hakenkreuzfahne zu hissen, wurde nicht beachtet. Anscheinend wurde der Bevölkerung von berufener kirchlicher Seite die Meinung beigebracht, daß es dem Bischof unangenehm sei, wenn die Hakenkreuzfahne gezeigt werde.«

Als am 11. April 1937 Burkhard Utz als neugewählter Abt von Münsterschwarzach geweiht wurde, nahmen an der Feier in der Benediktinerabtei mehr als 2000 Menschen teil, fast alle aus der Umgebung. Und zu der Kriegswallfahrt am 13. Juni 1937 in Zeil am Main kamen neben 125 Vereinen mit 4200 ehemaligen Soldaten noch über 2000 Gläubige, meist Frauen, aus den umliegenden Ortschaften. Auch diese Zahlen verzeichnet die Lageberichte des Regierungspräsidenten und Gauleiters peinlich genau.

Wahrscheinlich waren Kirchen und Stätten, wo Bischof Matthias predigte, immer deswegen so überfüllt, weil der unerschrockene Oberhirte als einziger Prominenter in Unterfranken die Nazis öffentlich zu kritisieren wagte. Freilich schützte ihn sein Bischofsamt vor der Gestapo auch mehr als jeden anderen. Dennoch zeigen die Lageberichte des Regierungspräsidenten, wie sehr Matthias Ehrenfried überwacht und jedes seiner Worte sorgfältig registriert wurde.

So zum Beispiel, als er erklärte: »Heute, wenn man über die Priester schimpft, dann wird man ein Großer« oder »Mannesmut ist in Deutschland tot, und daran gehen wir zugrunde.« Einmal meinte er 1937, dass »der Glaube an Gott zur Zeit von falschen Propheten auszuhöhlen versucht« werde, ein andermal pries er einen in Haft befindlichen katholischen Geistlichen, Pfarrer Wörner von Mömbris, als »treuen Diener Gottes«; Wörner war verhaftet worden, weil er sich gegen die Anbringung eines »Stürmer«-Kastens für das antisemitische Hetzblatt der Nazis ausgesprochen hatte. (Siehe auch Seite 27)

Als die SS-Zeitschrift »Das schwarze Korps« die drei Frankenapostel als »Landstreicher« bezeichnete, ließ Bischof Matthias in den Kirchen Sühnegebete verrichten. Und in seinem Fastenbrief vom 13. Februar 1938 stehen die mutigen Worte:

»Gottes Gegenwart und Recht ist allumfassend und für alle verpflichtend. Daher haben die Vertreter Gottes und der Kirche im öffentlichen Leben, auch dem Staate gegenüber, die Rechte Gottes vorzulegen und zu wahren.«

In das Jahr 1938 fiel auch die schmähliche »Reichskristallnacht« mit ihren Ausschreitungen gegen die Juden. Als der junge Herbert Strauss, Sohn eines jüdischen Werkmaschinenhändlers und einer katholischen Mutter – später Geschichtsprofessor und Leiter des Instituts für Antisemitismusforschung an der Technischen Universität Berlin –, damals vor der demolierten Würzburger Synagoge stand, sah ihn ein früherer Mitschüler, jetzt Alumnus des Priesterseminars, und rief ihm zu: »Herbert, heute seid's ihr, morgen wir!«

Zu Beginn des Zweiten Weltkriegs, im Rausch der Blitzsiege, verschärften die Nationalsozialisten auch in Unterfranken ihren Kampf gegen die katholische Kirche. So wurden 1941 das Bischöfliche Knabenseminar Kilianeum beschlagnahmt, die traditionelle Kreuzbergwallfahrt verboten, die Abtei Münsterschwarzach gewaltsam aufgehoben und die Patres auf den Kreuzberg gebracht. Man behinderte das gottesdienstliche Leben durch kleinliche Auslegungen der Fliegeralarm-Anweisungen und versuchte, die Kruzifixe aus den Schulzimmern zu entfernen. Insbesondere

Gestapo und Polizei besetzen unter Protesten der Bevölkerung die Klostergebäude von Münsterschwarzach

auf dem Lande führten solche antikirchlichen Maßnahmen zu heftigen Protesten, und es kam mehrmals vor, dass erregte Frauen ihre Mutterkreuze den Parteibonzen und Gestapobeamten vor die Füße warfen.
Mochten Partei und Gestapo auch das unkalkulierbare propagandistische Risiko scheuen, das mit einer Verhaftung des Bischofs von Würzburg verbunden gewesen wäre, die unterfränkischen Priester in Stadt und Land blieben von den Häschern ebensowenig verschont wie Laien, die ihre auf religiösen Motiven fußende Gegnerschaft zum Nationalsozialismus nicht verhehlen konnten.
Von Pfarrer Stöger aus Waldbüttelbrunn und von Pfarrer Wörner aus Mömbris war bereits die Rede. Am 27. April 1934 wurde Pfarrer Dr. Hans Stadler vom Sondergericht Bamberg wegen Kanzelmissbrauchs zu drei Monaten Gefängnis verurteilt. In seiner Gestapoakte heißt es:
»Dr. Stadler übt einen derartig starken Einfluß auf die Mehrzahl der Einwohnerschaft von Kirchschönbach aus, daß eine große Anzahl nicht davor zurückschrecken würde, einen Meineid zu schwören, wenn es für den Pfarrer von Vorteil wäre.«

Der Pfarrer von Poppenroth wurde angezeigt, weil er den Predigttext »Hütet euch vor falschen Propheten« auf die nationalsozialistische Regierung angewandt hatte. In Nüdlingen folgerte Pfarrer Wilhelm Zufraß 1939 auf der Kanzel aus der Tatsache, daß in jenem Jahr in München sehr viele neue Priester geweiht worden waren, ein hohes Maß von Idealismus bei der Studentenschaft, die sich »trotz mancher Schwierigkeiten unter keinen Umständen beeinflussen« lasse – und bekam prompt erheblichen Ärger mit der Gestapo. Auch der katholische Pfarrer aus Elsenfeld wurde wegen Kanzelmißbrauchs angezeigt, weil er gesagt hatte:
»Es ist jetzt die Zeit gekommen, wo sich die Geister scheiden. Jetzt kommt es darauf an, ob man Katholik bleiben oder zu denen gehen will, die aus dem Namen Glaube und Gott etwas anderes formten.«
Im Juni 1937 wurde der Studienprofessor Wilhelm Schlör, der seit 1924 am Würzburger Realgymnasium Mathematik und Physik lehrte, aus dem Unterricht heraus von der Gestapo abgeholt. Schlör – ein Verwandter des Würzburger Bischofs Ferdinand von Schlör, des Vorgängers von Matthias Ehrenfried, und ein sehr kirchlich eingestellter Lehrer – hatte eine Schrift verbreitet, die sich kritisch mit Reichspropagandaminister Dr. Goebbels auseinandersetzte. Schlör konnte noch von Glück sagen, dass er nach der Strafverbüßung nur zwangsversetzt wurde.
Insgesamt sind im Verlauf des »Dritten Reiches« von den etwa 600 Priestern der Diözese Würzburg mehr als 200 vor Gericht gestellt worden. 140 Geistliche der Diözese waren aus politischen Gründen zeitweise im Gefängnis, darunter fünf Mitglieder des Würzburger Domkapitels: drei Domkapitulare und zwei Domvikare – unter ihnen der Generalvikar und der politische Referent des Ordinariats, die zuerst im Gefängnis in der Ottostraße, dann in Berlin in Gestapohaft gefangengehalten wurden. Fast alle Pfarrer der Diözese hatten irgendwann einmal Konflikte mit der Partei, viele wurden bedroht oder mit Geldstrafen belegt. Rund 80 Priester erhielten Schulverbot.
Das größte Leid aber mussten jene fünf unterfränkischen Geistlichen erdulden, die für ihren Glauben durch die Hölle von Dachau gingen. Sie alle wurden 1941 festgenommen und in das berüchtigte KZ eingeliefert, konnten – bis auf einen – Hunger und brutalste Behandlung jedoch überleben. Es waren:

• Pfarrer Konrad Weigand von Hendungen, verhaftet wegen abfälliger Bemerkungen über die Entfernung der Kruzifixe aus den Schulen.

- Pfarrer August Eisenmann von Alsleben, verhaftet wegen regimekritischer Äußerungen in einer Predigt.
- Pfarrer Hermann Dümig, verhaftet wegen Vergehen, die sein Schutzhaftbefehl folgendermaßen umschrieb: »Dümig trägt durch seine Predigten äußerst zersetzende Gedanken ins Volk und gefährdet die Sicherheit des nationalsozialistischen Staates und die Wehrkraft der Armee.«
- Benediktinerpater Sales Hess von Münsterschwarzach, später Autor des Buches »Dachau – eine Welt ohne Gott«.
- Pfarrer Georg Häfner von Oberschwarzach, verhaftet wegen »Aufhetzung des Volkes«, »Mißbrauch des priesterlichen Amtes« und »Schädigung des Ansehens von Partei und Staat«. In Dachau gestorben am 20. August 1942.

Die letzten Forschungen haben ergeben, dass insgesamt 2771 Geistliche verschiedener Nationen, davon 2579 katholische Priester, zeitweise in Dachau inhaftiert waren. Fast 700 von ihnen kamen im Lager um, etwa 300 wurden den Invalidentransporten und damit dem sicheren Tod übergeben.

Was »Dachau« für die dort Inhaftierten bedeutete, wie nicht nur ihre schmerzenden Körper, sondern mehr noch ihre geschundenen Seelen vom Triumph der absoluten Unmenschlichkeit gezeichnet wurden, dafür sollen Aussagen unterfränkischer Überlebender stehen:

Über die Aufnahme in das KZ berichtete nach seiner Befreiung 1945 Pfarrer Hermann Dümig:
»Ein Fußtritt löste den anderen ab, eine Ohrfeige die andere ... Was an unflätigen Reden und gemeinen Verdächtigungen ausgesprochen wurde, ist nicht wiederzugeben. Das Schlimmste, was ich je in meinem Leben zu hören bekam, war ein gotteslästerlicher Angriff auf die Menschwerdung Christi ... Die Monate Juni bis August 1942 waren die Zeit des großen Sterbens auf Block 26. Eine Todesnachricht jagte die andere. Von 255 Mitbrüdern starben in diesem Jahr 55.«

Im Standardwerk über die nationalsozialistischen Konzentrationslager, in Eugen Kogons »Der SS-Staat«, heißt es:
»Katholische Geistliche hatten es schwer, wenn sie als Priester bekannt waren, meist sehr schwer, und zwar sowohl von seiten der SS als auch von seiten der Häftlinge.«

»Es ist vom Herrgott bestimmt, daß ich den Kreuzweg weitergehe. Am Donnerstag komme ich sehr wahrscheinlich nach Dachau.« Das schrieb Pfarrer Georg Häfner am 9. Dezember 1941 an seine Eltern.

Bei aller Gutmütigkeit war Pfarrer Häfner zeit seines nicht einmal 42 Jahre währenden Lebens ein konsequenter Streiter für die Sache Christi gewesen. Am 19. Oktober 1900 in Würzburg geboren und am 13. April 1924 in der Würzburger Michaelskirche zum Priester geweiht, wurde Häfner im November 1934 zum Pfarrer von Oberschwarzach bestellt. Hier war er schon bald der Gestapo ein Dorn im Auge. Seine Predigten wurden überwacht, und am 22. August 1941 verhängten die NS-Behörden gegen ihn das Schulverbot.

Obwohl er wusste, dass er bei den Parteidienststellen als äußerst missliebig galt, spendete er einem aus der Kirche ausgetretenen NSDAP-Mitglied auf dem Totenbett erst dann die Sakramente und sagte ihm eine kirchliche Beerdigung zu, nachdem dieser – geschieden und standesamtlich zum zweitenmal verheiratet – sich schriftlich von der nach dem Kirchenrecht ungültigen Ehe distanziert hatte und mit der ebenfalls kirchlich vorgeschriebenen öffentlichen Bekanntgabe dieser Erklärung einverstanden war. Bei der Aussegnung auf dem Friedhof von Oberschwarzach verkündete Pfarrer Häfner deshalb, dass die Ehe ungültig sei.

Damit war das Maß für die Gestapo voll. Am 3. Oktober 1941 verfügte das Reichssicherheitshauptamt in Berlin Häfners Verhaftung und schickte ihm durch die Würzburger Gestapo-Stelle eine Vorladung zum 31. Oktober 1941. Als Häfner sich schon am Nachmittag des 30. Oktober bei der Gestapo in Würzburg einfand, wurde er sofort festgenommen.

Man warf ihm Missbrauch des priesterlichen Amtes, Verhetzung der Bevölkerung und damit Schwächung der »inneren Front«, Beeinflussung der Jugend und schließlich Schädigung des Ansehens von Partei und Staat vor.

Das Bischöfliche Ordinariat versuchte sofort zu intervenieren:

»Unser Herr Pfarrer Häfner hat bei der seelsorgerischen Betreuung und bei der Beerdigung des W. nach jenen Anweisungen gehandelt, die schon immer in der Pastorallehre den zukünftigen Priestern gegeben wurden, und die seit unvordenklichen Zeiten in allen bayerischen Diözesen ohne Beanstandung in der seelsorgerlichen Praxis zur Anwendung kamen … Die Inhaftnahme und Inhafthaltung unseres Pfarrers Häfner, der sich in Übereinstimmung mit den ihm von Amts wegen obliegenden Verpflichtungen und Anweisungen gehalten hat und demnach von jeder persönlichen Schuld frei ist, erscheint daher nicht gerechtfertigt, und wir bitten um seine sofortige Freilassung.«

Pfarrer
Georg Häfner

Auch vor der Würzburger Gestapo hatte Häfner sein Verhalten mit Überzeugung gerechtfertigt:
»Für mich war maßgebend, daß sich der Tote mit der Kirche ausgesöhnt hatte und nunmehr kirchlich beerdigt werden konnte ... Daß ich die Aussöhnung des Verstorbenen mit der Kirche in die Wege leitete, erachte ich als meine Pflicht ... Auch darüber lasse ich mir keine Vorschriften machen, ob ich die Erklärung bekanntgeben durfte oder nicht.«
So steht es im Protokoll der Geheimen Staatspolizei.
Am 12. Dezember 1941 kam Pfarrer Häfner in Dachau an. Wie Pfarrer Eisenmann, sein Leidensbruder, später überlieferte, wurde Häfner zum Empfang von SS-Leuten so verprügelt, dass er blutete und zu Boden stürzte. Er bekam die Häftlingsnummer 28 856 und wurde in Block 26, Stube 3, untergebracht.
Häfner hat nie geklagt. Auch nicht, als er noch mehrmals misshandelt wurde. Doch mit dem ständigen Hunger, der ihn fürchterlich quälte, wurde er nicht fertig. Ihm ist er schließlich auch erlegen. Schon Anfang 1942 war Häfner nach Aussagen von Pater Sales Hess von der dünnen Wassersuppe so entkräftet, dass er beim Essentragen den über einen Zentner schweren Kessel, den er zu der Zeit dreimal täglich gemeinsam

mit einem Mitgefangenen durchs Lager schleppen musste, nur mit letzter Kraftanstrengung ans Ziel brachte. Im Sommer 1942 traten dann deutliche Anzeichen von Unterernährung auf. Am 20. August 1942, morgens um 20 Minuten nach sieben Uhr, starb Georg Häfner. Seine Todesnummer für das laufende Kalenderjahr lautete 3119.

Sein Vater und Domkapitular Dr. Heinrich Leier, die daraufhin nach Dachau reisten, durften durch eine seltene Erlaubnis der Lagerleitung die Leiche vor dem Verbrennen sehen und haben die Todesursache bestätigt. Nach einigen Wochen schickte die KZ-Verwaltung ein kleines Kästchen mit der Asche. Zur Beisetzung der Urne am 18. September 1942 im Elterngrab auf dem Würzburger Hauptfriedhof fand sich der gesamte Diözesanklerus ein. Da jegliche Äußerungen verboten waren, sprach Pater Rupert Mayer als Abgesandter des Münchner Kardinals Faulhaber mit Flüsterstimme über dem Grab.

Als das Elterngrab auf dem Hauptfriedhof aufgelöst wurde, setzte man die Urne Häfners im Priestergrab des Stadtdekanats bei. Seit dem 9. Dezember 1982 ruhen die sterblichen Überreste in einer Wandnische der Kiliansgruft von Neumünster. Damit wollte die Diözese Würzburg, wie Bischof Paul-Werner Scheele an die Angehörigen Häfners schrieb, das beispielhafte Glaubens- und Lebenszeugnis dieses Priesters im »Dritten Reich« ehren und »uns und späteren Generationen vergegenwärtigen«.

Bei der Umbettungsfeier sagte Bischof Scheele über Georg Häfner: »Bei seinem Ja zum Kreuzweg verliert er die nicht aus dem Auge, die ihm übel mitgespielt haben. Er will sie weder verurteilen noch verwerfen, er will ihnen beistehen. Er ist davon überzeugt: Gerade sie haben die Hilfe besonders nötig. Entsprechend sagt er sich und den Seinen: Mit allen wollen wir gut sein.«

»Mit allen wollen wir gut sein« – diese Worte, geschrieben in dem Brief Häfners vom 9. Dezember 1941 an seine Eltern, stehen auch auf seiner Grabplatte in der Kiliansgruft.

Neun Jahre hatte Bischof Matthias Ehrenfried schon auf dem Stuhl des heiligen Kilian gesessen, als der Nationalsozialismus 1933 auch über Würzburg hereinbrach und seinen hasserfüllten Kampf gegen Bischof, Ordinariat und Klerus der Diözese von Jahr zu Jahr steigerte. »Die Pfaffen müssen vom Erdboden verschwinden«, hatte ein SS-Führer bei der Einlieferung Georg Häfners in Dachau geschrien. Doch als das »Dritte Reich« 1945 in den Trümmern der Mainfrankenmetropole versank, war Bischof Ehrenfried noch immer da.

»Wir helfen Ihnen«
Die Geschichte des Juden Berthold Löb

Von Monika Schmittner

Als sich am 15. September 1935 mit den »Nürnberger Gesetzen« die Diskriminierung der deutschen Juden verstärkte, fanden die katholische und evangelische Kirche kein Wort des Widerspruchs.
Zweifellos gab es einzelne Priester, die sich unter Risiko für die Belange der Juden einsetzten. Doch die Bereitschaft, Konflikte mit dem Regime in Kauf zu nehmen, blieb der individuellen Gewissensentscheidung vorbehalten und war die Ausnahme.

Umso bemerkenswerter ist ein Ereignis, das sich in den beiden letzten Kriegsjahren im Odenwald zugetragen hat. Dort bewahrten gemeinsam drei katholische Geistliche, die in Amorbach wirkten – Pfarrer Karl Rohner, Kaplan Georg Strömel und Benediktinerpater Dr. Stephan Georg Amon, sowie der Schneeberger Pfarrer Josef Brenneis einen verfolgten jüdischen Kaufmann und Familienvater, den sie nie zuvor gesehen hatten, vor dem Holocaust.

In dem östlich von Weinheim an der Bergstraße gelegenen Birkenau lebte der 1906 geborene jüdische Textilkaufmann Berthold Löb. Er war mit einer Protestantin verheiratet und hatte vier Kinder im Alter zwischen zwei und sechs Jahren. Am 15. September 1935 wurden die »Nürnberger Gesetze« mit dem »Reichsbürgergesetz« und dem »Blutschutzgesetz« erlassen, mit denen Juden zu Staatsbürgern zweiter Klasse erklärt und Ehen sowie außereheliche Beziehungen zwischen »Juden und Staatsangehörigen deutschen oder artverwandten Blutes« verboten wurden.

Gleichzeitig wurde Juden das politische Stimmrecht aberkannt und das Recht, öffentliche Ämter auszuüben. Bis zum Beginn des Zweiten Weltkrieges schränkten 250 Gesetze, Verordnungen, Erlasse, Verfügungen und Anordnungen die Freiheit und Existenzmöglichkeit der jüdischen Bevölkerung ein. Mit den sich steigernden Schikanen und Bedrohungen verfolgte das Regime auch das Ziel, jüdische Mitbürger zum Auswandern zu bewegen. Etwa 315 000 nutzten bis zum Beginn des Zweiten Weltkriegs diese letzte Möglichkeit, Deutschland auf legalem Weg zu verlassen.

Berthold Löb in Birkenau konnte das nicht, ihm fehlte dazu das Geld.

Der Jude Berthold Löb

Nach der »Reichskristallnacht« am 9. November 1938 wurde er mit anderen Juden verhaftet und in das KZ Sachsenhausen in Oranienburg bei Berlin verschleppt, aus dem er erst 1939 freikam. Nach seiner Entlassung versuchte er, sich und seine Familie als Textilreisender zu ernähren, er wurde aber schon bald zur Arbeit im Heppenheimer Tonwerk verpflichtet.

Im Januar 1942 wurde auf der Wannsee-Konferenz in Berlin die »Endlösung der Judenfrage«, das heißt die planmäßige Tötung der etwa 14,7 Millionen deutschen und europäischen Juden, beschlossen. Verschont blieben zunächst Juden mit einem »arischen« Ehepartner.

Ohne Geld und ohne Ziel

Anfang 1943 wurde Löb von einem Birkenauer Polizisten heimlich mitgeteilt, dass er am nächsten Tag der Gestapo in Darmstadt vorgeführt werden solle. Noch in derselben Nacht verließ Löb auf dem Fahrrad ohne Gepäck, ohne Geld und ohne ein bestimmtes Ziel seine Familie und tauchte unter. Bald kam das Gerücht auf, er sei erschossen worden bei dem Versuch, die Schweizer Grenze zu überschreiten. Seine Frau hatte weder Beweise für den Tod ihres Mannes noch für sein Überleben. Sie hielt es für klüger, das Gerücht von seinem Tod zu bestätigen, indem sie sich von nun an in Trauerkleidung zeigte. Im Birkenauer Rathaus registrierte man Berthold Löb nach einigen Wochen als verschollen. Nur für die Verfolgungsbehörden galt er nicht als tot. Sie suchten ihn unter seinem Namen.

Nach der Flucht schlug sich Löb als »Karl Müller« in der fränkisch-badischen und württembergischen Nachbarschaft durch und nahm Hilfsarbeiterbeschäftigungen in einem Sägewerk und in der Landwirtschaft an. Aber ein gesunder und mit 37 Jahren verhältnismäßig junger Mann, der nicht beim Militär war, zog in dieser aufgewühlten Zeit das Misstrauen seiner Mitmenschen auf sich. Löb hatte Angst, entdeckt zu werden, kehrte heimlich nach Birkenau zurück und traf sich mit seiner Frau, die ihm schweren Herzens eröffnete, dass er in der Gefahr schwebt, sofort verhaftet zu werden.

Löb verließ Birkenau abermals und tauchte im Spätsommer 1943 im Raum Amorbach auf. Er gab sich als Arbeiter eines Mannheimer Rüstungsbetriebs aus, der bei einem Fliegerangriff seine Wohnung verloren hatte und aus diesem Anlass beurlaubt worden sei. Er wolle nun die beiden letzten Urlaubswochen nutzen, um bei Bauern zu arbeiten. Dafür erwarte er nur Verpflegung für sich und ein Lebensmittelpaket für seine Familie. Insgeheim war geplant, die Lebensmittel an eine Birkenauer Familie zu schicken, die eingeweiht war und sie seinen Angehörigen zuleiten würde.

Drei Geistliche in Amorbach helfen

Mit dieser »Legende« fragte er im Amorbacher katholischen Pfarrhaus nach, ob man ihm eine geeignete Arbeitsstelle vermitteln könne. In Amorbach amtierten damals Pfarrer Karl Rohner, der 33-jährige Kaplan Gottfried Strömel und Benediktinerpater Dr. Stephan Georg Amon. Rohner, Jahrgang 1903, stammte aus Schlesien und war mit Amorbach seit 1933 als Kaplan, Kooperator, Pfarrverweser und Pfarrer verbunden. Strömel arbeitete seit 1939 in Amorbach. Der 1913 in Eiching in Oberfranken geborene Dr. Amon war Münsterschwarzacher Benediktiner. Nachdem die Abtei im Juni 1941 gewaltsam aufgehoben worden war, kam er nach Amorbach als Pfarrvikar für das benachbarte Reichartshausen.

Im Verlauf einer längeren Unterhaltung offenbarte Löb, dass er Jude sei und unter seinem wirklichen Namen gesucht werde. Pater Dr. Amon

Karl Rohner, Pfarrer von Amorbach   *Pater Dr. Stephan Amon*

entgegnete, dass dies unwichtig sei, das Pfarramt werde ihm helfen und sich um eine Arbeitsstelle bemühen.

Dabei standen die Geistlichen selbst unter Beobachtung. Für Rohner und Strömel gehörten seit 1933 Gestapo-Vorladungen, Verwarnungen, Geldstrafen und die Postüberwachung zum Alltag. Pfarrer Rohner befand sich nach einem öffentlichen Protest gegen die Vernichtung »lebensunwichtigen« Lebens in Schwierigkeiten, denen er nur entkam, weil man im Volk keine Unruhe aufkommen lassen wollte.

Dennoch erkundigte sich Dr. Amon in Reichartshausen beim Gemeindeschreiber und Organisten Anton Schlachter, wo man einen Mann für eine zweiwöchige Aushilfstätigkeit unterbringen könne. Er verschwieg, dass es sich um einen Juden handelte. Schlachter nannte den Scheuerichshof, dessen Besitzer sechs Kinder zwischen zwei und 14 Jahren hatte. Bald arbeitete Löb dort. Nach 14 Tagen verließ er den Scheuerichshof und wieder nannten ihm die Geistlichen eine Adresse.

Dieses Zusammenspiel funktionierte zwei Jahre lang. Zustatten kam den Verschworenen die geringe Bevölkerungsdichte des Gebiets, in dem Löb sich bewegte. Allein der Pfarrbezirk Amorbach umfasste sechs Dörfer, die bis zu zehn Kilometer auseinander lagen und zwischen denen es Mühlen und Einzelgehöfte gab, in denen man für jede helfende Hand

dankbar war. Die Gewohnheit, nirgends länger als höchstens drei Wochen zu bleiben, behielt Löb ebenso bei wie die Gewohnheit, das Fahrrad zu benutzen und Lebensmittelpakete an die Deckadresse nach Birkenau zu schicken.
Nach dem Scheuerichshof fand Löb Arbeit und Unterkunft auf dem weit abgelegenen Neidhof der Familie Repp bei Boxbrunn (in der Nähe von Eulbach, dem Ort mit dem Englischen Garten und dem Tierpark). Nach zwei Wochen des Zusammenlebens und -arbeitens mit Bauer, Bäuerin, Tochter, Tante und drei Hilfskräften – zwei Söhne waren im Feld – zog er weiter.
Im Laufe der Zeit ergriff er auch selbst die Initiative und sprach auf den Höfen vor, nachdem er mit den Pfarrern insgeheim die Frage der Vertrauenswürdigkeit der Inhaber abgeklärt hatte. In zeitlichen Abständen kehrte er sogar auf Höfe zurück, auf denen er schon gearbeitet hatte, so auf den Scheuerichshof in Reichartshausen. Die Familie Repp sowie Gemeindeschreiber Schlachter in Reichartshausen waren mittlerweile von Dr. Amon über Löbs wahre Identität aufgeklärt worden und erwiesen sich des Vertrauens würdig, in das sie gezogen wurden.

Auch der Pfarrer von Schneeberg

Schließlich erweiterte man noch das zwischen den drei Geistlichen, den wenigen eingeweihten Laien und dem Juden aufgebaute Netzwerk um Josef Brenneis, den 54-jährigen Pfarrer des drei Kilometer von Amorbach entfernt gelegenen Schneeberg. Brenneis stammte aus Guggenberg, war 1917/18 Kaplan in Marktheidenfeld und Miltenberg und seit 1929 Pfarrer in Schneeberg, auch er ein Regimekritiker. Bei ihm arbeitete Löb sechs bis acht Wochen, und auch bei zwei seiner Brüder, die in Guggenberg lebten, sowie bei anderen vertrauenswürdigen Hofbesitzern kam Löb unter.
So hielt sich der steckbrieflich gesuchte Löb bis zum Frühjahr 1945 auf 20 bis 30 Höfen, die im Umkreis von über 30 Kilometer lagen, versteckt und konnte als Gegenleistung für seine Arbeit seine Familie mit Lebensmitteln unterstützen.
Schwierig war es in den Wintermonaten, wenn Schnee lag und die Bauern keine dringenden Arbeiten zu erledigen hatten. Aber auch in diesen Zeiten kümmerten sich die Amorbacher Geistlichen um ihn, ja sie beschäftigten ihn sogar mit Arbeiten auf dem Pfarrhof.

Immer wieder begegnete Löb der Gefahr, in der er schwebte. Schon die Ansammlungen von Menschen, die entstanden, als gegen Kriegsende auf den Dörfern Luftschutzübungen stattfanden, an denen jeder gehfähige männliche Einwohner teilzunehmen hatte, vervielfachte die Gefahr – jeder konnte auf ein verräterisches Detail stoßen.

Mit zusätzlichen Risiken war die versteckte Existenz des Juden Löb beladen, weil er an der Lebensweise festhielt, die ihm seine Religion auferlegte. Er hielt sich an das Verbot, Schweinefleisch zu essen. Bevor auf den Bauernhöfen zum gemeinsamen Mittagessen Schweinefleisch auf den Tisch kam, verließ er das Haus und musste sich dazu jedesmal eine andere Ausrede einfallen lassen. Weil er nicht heucheln und pro forma am Sonntagsgottesdienst teilnehmen wollte, verließ er unter dem Vorwand dringender Besorgungen auch samstagnachmittags den Hof, radelte ins Weite, suchte für die Nacht ein Versteck und kam am Sonntagnachmittag auf den Hof zurück.

Kirchgehanzug vom Pater

Bei der Christmette 1943 ging das aber beim besten Willen nicht, hoher Schnee verhinderte eine Radtour. Löb besprach sich mit Dr. Amon, der ihm riet, Fünf gerade sein zu lassen und ihm sogar seinen Anzug schenkte, damit er an der Christmette und an künftigen Sonntagsgottesdiensten in festlicher Kleidung teilnehmen konnte. Zu Tränen gerührt fand sich Löb in der Mitternachtsmette unerkannt in der Gesellschaft von französischen Kriegsgefangenen und polnischen Zwangsarbeitern, Menschen, denen der Krieg und die Deutschen wie ihm ein Schicksal der Angst und Ungewissheit aufgebürdet hatten. Der dabei spontan entstandene Wunsch, zum Christentum überzutreten, wurde im Pfarrhaus schon deshalb abgewehrt, weil der damit verbundene Aufwand nicht mehr hätte geheim gehalten werden können.

Leben mit der Gefahr

Immer wieder bekam Löb zu spüren, wie nahe ihm das Verhängnis war. Auf einem Hof bei Elsenfeld, wo er drei Wochen hätte bleiben sollen, war der Sohn der Familie, ein Wehrmachtsfeldwebel, unerwartet auf Urlaub gekommen und stellte bedrängende Fragen. Löb zog sich auf seine Kammer zurück, die Bäuerin folgte ihm bald und sagte, ihr Sohn habe soeben den Verdacht geäußert, er sei ein Jude. Löb bestätigte den Verdacht und verließ in aller Eile den Hof. Vorher trug er der Bäuerin noch auf, dem Sohn zu sagen: »Ich möchte ihm nicht wünschen, dass er all das durchmachen muss, was ich bisher erlebt habe und wohl noch mitmachen werde.«

Häufig genug merkte er, dass seine Verfolger ihn immer noch zu finden hofften. Als er sich einmal im Amorbacher Pfarrgarten nützlich machte, gesellte sich Gendarmeriewachtmeister Galm hinzu. Streng sagte er zu Pfarrer Rohner: »Wir sind hinter einem flüchtigen Juden namens Berthold Löb her, der steckbrieflich gesucht wird. Wahrscheinlich hält er sich unter falschem Namen versteckt. Wer ihn unterstützt, muss wissen, dass er mit seinem Leben spielt. Herr Pfarrer, warnen Sie jeden, der vielleicht Bescheid weiß.« Kaum hatte Galm den Pfarrgarten verlassen, erlitt Löb einen Schwächeanfall und brach zusammen.

Ähnliches wiederholte sich, als Löb eine Woche später auf dem Neidhof bei Bauer Repp war. Auch ihm berichtete Galm von dem Juden und fügte hinzu: »Horch, Repp, wenn dir was zu Ohren kommt, denk daran, wer dabei mithilft, wird aufgehängt!«

Als der Bauer über fehlende Arbeitskräfte klagte, deutete Galm auf Löb und meinte: »Da hast du doch einen hier.« Repp: »Ja, leider aber nur für drei Tage, Pfarrer Rohner hat ihn mir geschickt.« Galm sagte irritiert: »So, der Pfarrer?« Löb, der auf dem Kartoffelwagen alles gehört hatte, erlitt erneut einen Schwächeanfall und rutschte ohnmächtig vor die Füße des Gendarmen. Die Bäuerin brachte kaltes Wasser und Galm verließ schweigend den Hof. Man hat nie erfahren, ob er Bescheid wusste.

Gegen Kriegsende, als auf den Straßen ständig Personenkontrollen vorgenommen wurden, war Löb zu Besuch im Pfarrhaus. Mit Pater Dr. Amon am Fenster stehend beobachtete er die Kontrollen und bekam Angst. Amon beruhigte ihn: »Es ist Galm. Ich gehe mit Ihnen an ihm vorüber.« Löb nahm sein Fahrrad und beide gingen freundlich grüßend an dem Polizisten vorbei, der sie unbehelligt ließ.

Eine Situation ist denkbar, die für Löb schier aussichtslos geworden wäre: eine Erkrankung, die die Einweisung in ein Krankenhaus notwendig gemacht hätte. In dieser Beziehung hatte er einfach Glück. Der einzige gesundheitliche Schaden, den er sich zuzog, war eine Prellung am Brustkorb. Sie entstand, als sich die Ladung eines umgekippten Getreidewagens gegen ihn presste, und verheilte ohne ärztliche Hilfe.

»Untermensch« und Obernazi

Die Satire, die oft dem Trauerspiel folgt, ereignete sich in Eisenbach, heute Stadtteil von Obernburg. Dort bewirtschaftete die Familie Pferchbacher den Neustädter Hof, zu dem eine große Mirabellenplantage gehörte. Löb war Vorarbeiter, die Mirabellen waren für die Heeresverpflegung bestimmt. Im August 1944 erfreute man sich einer Jahrhunderternte. Um sie zu bewältigen, waren Soldaten als Erntehelfer auf den Hof geschickt worden.
Eines Tages informierten sich Reichsorganisationsleiter Dr. Robert Ley, der Führer der nationalsozialistischen Pseudogewerkschaft »Deutsche Arbeitsfront«, und der mainfränkische Gauleiter und Regierungspräsident Dr. Otto Hellmuth vor Ort über den Arbeitseinsatz. Ley drückte jedem die Hand, auch dem Juden Löb. Ein Foto davon erschien ein paar Tage später in der Zeitung. Zum Glück hat niemand Löb erkannt.
Die Stunde der Befreiung schlug am Karfreitag, 30. März 1945. In Amorbach rollten amerikanische Panzer ein, in Schneeberg wurden weiße Fahnen gehisst. Von einem mehr als zwei Jahre währenden Alpdruck erlöst, radelte Löb den Amerikanern entgegen und berichtete von seinem Schicksal. Dann führte er ein Kommando von zwölf Mann zum Amorbacher Pfarrhaus und empfahl seine Retter ihrem Schutz.
Er vergaß die Menschen, unter deren Schutz er überlebt hatte, nicht und nutzte seine guten Kontakte zu den Amerikanern, um zu helfen. Als ihm Pfarrer Rohner klagte, ein 20jähriger Diabetiker müsse in den nächsten Tagen sterben, wenn er nicht unverzüglich Insulin bekäme, ging Löb sofort zu den Amerikanern. Noch in der Nacht fuhr er in ihrer Begleitung mit einem Jeep nach Heidelberg und holte in der Apotheke des Hauptquartiers die lebensrettenden Ampullen.
Mitte April 1945 brachte ein amerikanischer Jeep Berthold Löb zu seiner Familie nach Birkenau. Löb starb 1976 im Alter von 70 Jahren und wurde auf dem jüdischen Friedhof in Heidelberg begraben. Pfarrer Rohner wurde 1962 Pfarrer in Gemünden und starb 1989 in Ochsenfurt. Der damalige Amorbacher Kaplan Gottfried Strömel war in der neuen Aschaffenburger Pfarrei St. Konrad (Strietwald) seit 1946 als Kuratus und Pfarrer tätig. Er verschied dort 1976 im Ruhestand.
Pater Dr. Amon kehrte nach der Wiedererrichtung der Abtei Münsterschwarzach 1946 dorthin zurück. Er starb 1994 in der Abtei und liegt dort begraben. Pfarrer Josef Brenneis steht in Schneeberg heute noch in höchstem Ansehen.

Licht und Trost für die Häftlinge – Erinnerungen an Pfarrer Paul Steinert dem »Franziskus von Fresnes«

Von Peter Weber, Frankfurt

Als katholischer Pfarrer von Karlstadt am Main waltete Paul Steinert seines Amtes, still und unbemerkt. Seit Kriegsende aber tauchte sein Name immer wieder in der französischen Presse auf. Sein Wirken als Gefängnisgeistlicher in Paris-Fresnes, im größten Zuchthaus Europas, in dem während der deutschen Besatzungszeit neben 10 000 Ausländern auch 5000 Deutsche hinter Gittern gehalten wurden, ist unvergesslich. »Franziskus von Fresnes« nannten ihn die Häftlinge. Die Politischen, die überlebten, haben über ihn geschrieben und haben nach dem Kriege an ihn geschrieben. Selbst Winston Churchill, dessen Neffe Peter während des Krieges in Fresnes gefangen gehalten wurde, hat diesem Pfarrer handschriftlich gedankt. Der Verfasser lernte Pfarrer Steinert während einer politischen Haftzeit im Sommer 1943 in Fresnes kennen.

Schon als ich das Maintal hinauffahre, um diesen Mann nach Jahren wieder zu treffen, gehen mir die Sätze durch den Kopf, die der französische Graf d'Harcourt, der im zweiten Weltkrieg seiner Söhne durch die Gestapo beraubt wurde, im Jahre 1949 in dem Buch »Présences« über diesen Geistlichen schrieb: »Die Zahl der Franzosen, die ihm ihr Leben verdanken, ist groß. Man kann nicht alles aufzählen, was ich dem deutschen Gefängnisgeistlichen schulde, der die politischen Gefangenen in Fresnes besuchte und Licht in ihre Zellen brachte. Ich sehe Pfarrer Steinert noch vor mir, sein rundes Gesicht, die Güte in seinem Blick, hinter der Brille die rührige Nächstenliebe, die in so schlichter Weise von seiner Person ausging.«

Als er mir die Tür des alten Pfarrhauses öffnet, ist es wieder dieser gütige Blick, der den Besucher sofort gefangennimmt. Es ist aber nicht allein das Gütige, das in seinen Augen steht, im gleichen Maß ist es das Fröhliche. Schon in Fresnes hat er nie einen Häftling nach Person und Delikt abgeschätzt. Seine Augen fragten nie, sondern erzählten: »Siehe, da bin ich und jetzt, wo ich vor dir stehe, bin ich nur für dich da.« Vielleicht liegt hier das Phänomen dieser Augen.

Pfarrer Paul Steinert

Das Haar von Pfarrer Steinert haben die Jahre inzwischen grau gemacht. Er klagt, dass sein Gedächtnis in vielen Kleinigkeiten versagt. Das Gedächtnis eines Mannes, an dem Tausende von Schicksalen einzeln vorbeigezogen sind, alle einzeln! Trotzdem – die Fröhlichkeit ist ihm geblieben.

Und während er erzählt von diesem und jenem, die wir gemeinsam kannten, taucht die Nacht wieder auf, in der sich die Zellentüre öffnete und Pfarrer Steinert zum erstenmal meine Zelle betrat. Es war weit nach Mitternacht. Die Geistlichen hatten zwar »laut Hausordnung« das Gefängnis um 18 Uhr zu verlassen. Aber er war da. »Da bin ich« sagte er. »Wie geht es?« Er hatte immer Brot bei sich, für die Kranken Tabletten, und im Stiefel hatte er Tabak versteckt. Er fragte nach der Adresse der Angehörigen und dem Wunsche nach ihrer Unterrichtung. Gewiss nichts Außergewöhnliches für einen Geistlichen, aber Hitler hatte diese Mitsorge des Priesters unter Todesstrafe gestellt. Viele Geistliche beider Konfessionen haben diese Hilfe mit ihrem Leben bezahlen müssen. Auch Pfarrer Steinert wusste das: aber wenn man ihn daran mahnte, winkte er ab.
Das Bewegendste, was Pfarrer Steinert in Fresnes zu schaffen verstand, war der christliche Gottesdienst. Offiziell war jede Messe im Gefängnis verboten. Heimlich wurde sie darum von mitgefangenen Priestern in einer der Zellen gelesen. Auch Protestanten nahmen daran teil.

Als ich jetzt Pfarrer Steinert danach fragte, wie er das geschafft habe, erklärt er nur, wie schwer es ihm war, einen Messkoffer zu besorgen. »Die deutsche Wehrmacht war knapp damit versorgt, der Kardinal von Paris besaß auch keine Messkoffer mehr, aber die Résistance hat auf irgendeinem, auch für mich nicht klarem Weg, drei Messkoffer in das Gefängnis geschmuggelt. Die schönste Freude übrigens« so erzählt Pfarrer Steinert, »hat mir eine politische Gefangene, eine Pariser Malerin, in der Frauenabteilung gemacht. Sie hatte auf die Innenseite des Luftschutzrollos eine Kreuzigungsgruppe gemalt, so dass, wenn nachts die kleine Kerze beim Messopfer aufflammte, die Zelle tatsächlich etwas von einer kleinen Kapelle hatte.«

Über die schwerste Bürde seines Amtes, die zum Tode Verurteilten auf ihrem letzten Weg zu begleiten, spricht Pfarrer Steinert nicht gern. »Es waren zu viele«, sagte er, »für ein Gedächtnis zu viele Menschen.« Dabei erinnere ich mich an einen Tag, an dem ich diesem Priester mit grauem verstörtem Gesicht am Nachmittag auf der Schreibstube begegnet war. Seit kurzer Zeit musste ich dort das Gefangenenbuch führen und war so über vieles, was außerhalb und innerhalb des Gefängnisses vorging, gut unterrichtet. Ich wusste, dass an diesem Tage von der SS 82 französische Geiseln auf dem Mont Valérien erschossen worden waren. Ich wusste, dass diese willkürlich verhafteten Menschen nichts von dem nahen Tode geahnt hatten. Ich wusste, dass die SS den Pfarrer Steinert aus seiner Wohnung herausholen ließ. Die 82 Geiseln waren in einer kleinen ehemaligen Kapelle in der Nähe des Hinrichtungsplatzes zusammengepfercht, als Pfarrer Steinert, auch ahnungslos, von dem SS-Offizier beauftragt wurde, den Geiseln ihr Schicksal mitzuteilen und sie auf den Tod vorzubereiten. Nach dieser Mitteilung hatte Pfarrer Steinert eine lange Weile geschwiegen. Erst als der SS-Offizier sagte: »Ich gebe Ihnen vier Mann zu Ihrem persönlichen Schutz mit«, zuckte Pfarrer Steinert auf: »Ihre Leute zu meinem Schutz?« Dann wendete er sich ab und betrat alleine den Raum.

Mehr wusste ich damals von diesem Tag nicht. Heute ergänzt Pfarrer Steinert: »Es war der schwerste Tag meines Lebens. Ich sagte den Menschen, was ihnen in einer Stunde bevorstand, und bat sie flehentlich, mir Namen und Anschrift ihrer Angehörigen zu sagen. Auf kleine Zettel schrieben sie es schnell auf. Wir beteten, und kurz bevor wir die Tritte der Schergen vor der Tür hörten, erhob sich ein alter Herr von den

Knien und sagte laut in die Stille hinein: ›Herr Pfarrer, wir sterben nicht für Frankreich allein, wir sterben ebenso für Deutschland. Die Menschen, die das heute noch nicht begreifen, werden es einmal einsehen.‹«
Einige Wochen später ließ der Kardinal von Paris im Auftrag von Papst Pius XII. Pfarrer Steinert eine Auszeichnung überreichen.
Von den vielen schweren Tagen, die dieser Priester durchstehen musste, sei nur noch einer erwähnt. Plötzlich ließ ihn ein Kriegsgericht der Waffen-SS holen. Die Richter hatten soeben zwei junge Franzosen jüdischen Glaubens zum Tode verurteilt. Sie verlangten von Pfarrer Steinert den geistlichen Beistand für die Verurteilten.
Der »Franziskus von Fresnes« schaute sie eine lange Weile fragend an, dann sagte er nur: »Haben Sie denn keinen Rabbiner mehr?« Die SS-Richter sahen etwas verlegen auf ihre weißen Zwirnhandschuhe. Als aber einer der Verurteilten Pfarrer Steinert bat, sie trotzdem zum Tode zu begleiten, ging er mit ihnen zum letzten Gang.
All diese Bilder einer gespenstischen Vergangenheit tauchen im Gespräch wieder auf. Nun frage ich nach seinem persönlichen Schicksal. Anfang Juli 1944 sah ich ihn zum letzten Mal.
»Wie ging es dann weiter?« Er erzählt, wie wenige Tage vor der Räumung der französischen Hauptstadt der Kardinal von Paris ihn wissen ließ, dass er bleiben könnte und unter seinem persönlichen Schutz stehe.
»Aber was sollte ich in Paris? Ich wollte meine Soldaten nicht alleine lassen. So kam ich bis an die deutsche Grenze und wurde sofort nach Ostpreußen versetzt. Von dort Anfang 1945 zu einer Division, die im Allgäu lag. Dort wurde sie von den Amerikanern gefangengenommen.«
»Aber die Amerikaner haben Sie doch sofort entlassen?«

»Natürlich, ich konnte am ersten Tag sofort Zivil anziehen, doch ich blieb freiwillig bei meinen Soldaten. Sehen Sie«, fährt er nach einer Weile fort, »ich konnte da viel tun. Den ersten Übermut siegreicher Kampftruppen bremsen und für die Verpflegung der gefangenen Soldaten immer dann sorgen, wenn dies nicht klappen wollte. Mein Priesteramt haben die Amerikaner stets respektiert. Bis zur Auflösung des Lagers blieb ich.«

Eingesandt von R. Weimann, Triefenstein

Pfarrer Steinert starb am 19. August 1997.

»DENN DU HAST UNS BESTELLT ZU ZEUGEN IN DER WELT«

*Berichte über den Widerstand
fränkischer Männer und Frauen*

Dr. Dr. Georg Angermaier

Als Justitiar der Diözese Würzburg im Widerstand

Dr. Dr. Georg Angermaier (1913 – 1945) zählt zu den kaum bekannten Persönlichkeiten aus der jungen Generation des Widerstandsnetzes gegen Hitler. Dem hochbegabten Würzburger Juristen und Staatswissenschaftler wurde im »Dritten Reich« jede aussichtsreiche Karriere versperrt, weil der engagierte Katholik »politisch unzuverlässig« sei. Als Justitiar der Diözese Würzburg nutzte er alle taktischen und konspirativen Methoden, um sich der NS-Seite zu widersetzen.
Herausragend aber ist seine Zugehörigkeit zu zwei bedeutenden Kreisen aus dem kirchlichen und politischen Widerstand: Im »Ausschuß für Ordensangelegenheiten« setzte sich Angermaier dafür ein, die katholischen Bischöfe zum Protest gegen Menschenrechtsverletzungen zu bewegen; im Münchener Zweig des »Kreisauer Kreises« um die Patres Delp, Rösch und König brachte er seine Pläne zum Sturz der Diktatur und für einen demokratischen Staats- und Verfassungsaufbau ein. Als Angermaier am 27. März 1945 an den Folgen eines Unfalls starb, in den ein SS-Auto verwickelt war, nahm man im Verwandten- und Freundeskreis an, er sei von der SS wegen seiner Beteiligung am Widerstand umgebracht worden. Erst neuere Forschungen konnten Personen und Wirken Angermaiers umfassend beleuchten.

Der Retter von Assisi:
»Colonello« Müller aus Zeilitzheim

Assisi, die Stadt des Heiligen Franziskus, ist bekannt für ihre Kirchen und unschätzbaren Kunstwerke. Kaum bekannt ist hingegen, dass ein Unterfranke durch sein umsichtiges Vorgehen die Bombardierung der Stadt im Zweiten Weltkrieg verhindern half: Oberstarzt Dr. Valentin Müller gelang es, Assisi als Lazarettstadt zu deklarieren und damit eine drohende Zerstörung zu verhindern.
Der gebürtige Zeilitzheimer war 1904 auf Veranlassung eines geistlichen Onkels ans Würzburger Kilianeum gekommen und hatte von dort aus das Neue Gymnasium besucht, bevor er 1911 ein Medizinstudium in der Domstadt aufnahm. Den Ersten Weltkrieg machte Valentin Müller als Feldunterarzt mit, wurde mit der »Bayerischen Tapferkeitsmedaille in Silber« ausgezeichnet, die etwa einem Ritterkreuz entspricht, und geriet in englische Kriegsgefangenschaft, aus der er aber durch einen Austausch bald wieder befreit wurde. Nach dem Krieg setzte der Mediziner sein Studium in Würzburg fort.
1919 ließ sich Müller in Titting als praktischer Arzt nieder, wo er 1933 als überzeugter Katholik Schwierigkeiten mit den örtlichen NS-Stellen bekam und nach Eichstätt wechseln musste. Hier versorgte er bis zu seiner Einberufung zur Wehrmacht 1939 und erneut nach seiner Entlassung aus amerikanischer Kriegsgefangenschaft eine ausgedehnte Praxis. 1951 starb der beliebte Allgemeinarzt nach kurzer Krankheit in einer Münchner Klinik und wurde auf dem Eichstätter Friedhof beigesetzt.
Das Relief auf seinem Grabstein, eine Darstellung der Basilica San Francesco, erinnert noch heute an die Stadt, in der Müller im Februar 1944 als Oberstarzt die Leitung der deutschen Lazarette übernahm: Assisi. Hierhin war der tüchtige Militärarzt nach Einsätzen in Polen, Frankreich und Russland kommandiert worden. Dort eingetroffen, verhinderte er zusammen mit dem Bischof und anderen geistlichen und weltlichen Amtsträgern eine Beschlagnahmung weiterer Gebäude durch die Wehrmacht und belegte systematisch große Gebäudekomplexe mit Verwundeten. Durch Vermittlung des Vatikans gelang es im Mai 1944, die Stadt als Lazarettstadt zu deklarieren und damit einer drohenden Bombardierung durch die nach Norden vordringenden alliierten Truppen zuvorzukommen.
Als Kommandant der Lazarettstadt ging Müller energisch gegen Übergriffe deutscher Soldaten vor, erstattete geraubtes Gut zurück und

genoss bei allen Schichten der Bevölkerung höchstes Ansehen: Im Volksmund kursierte das geflügelte Wort »Wir haben drei Beschützer: den lieben Gott, den Heiligen Franz – und den Colonello Müller«.

Kritische Momente erlebte Assisi, als die deutsche Nachhut, eine SS-Einheit, auf ihrem Rückzug vor den Stadttoren eintraf: Erst nach hitzigen Wortgefechten mit dem Stadtkommandanten Müller, der dort zwei Tage lang ausgeharrt hatte, gaben die Soldaten ihren Plan auf, sich in der Bergstadt zu verschanzen, und zogen ab.

Zu diesem Zeitpunkt waren die deutschen Verwundeten bereits evakuiert. Oberstarzt Müller übergab die verbliebenen Medikamente, Decken und nicht mehr benötigtes Sanitätsgerät an den Bischof und verließ kurz vor dem Eintreffen der Alliierten als letzter Deutscher die Stadt.

Im Jahre 1950, wenige Monate vor seinem Tod, hat Müller Assisi noch einmal besucht: Mit Jubel und überschwenglicher Herzlichkeit wurde der einstige »Retter in der Not« von der Bevölkerung empfangen. 1982, zum 800. Geburtstag des Heiligen Franziskus, schmückte eine Delegation aus Assisi das Eichstätter Grab mit einem Ölzweig. Auch die Stadt Zeilitzheim ehrte ihren in der Fremde bekannten Sohn und benannte eine Straße nach dem couragierten Arzt Valentin Müller.

Andreas Mettenleiter

Als Helden bezeichnet zu werden, lag ihnen fern

> *Hier soll zweier fränkischer Soldaten gedacht werden, die in den letzten Kriegstagen zwei Gotteshäuser vor der Zerstörung retteten: das Käppele in Würzburg und die Basilika in Kevelaer. Als gläubige Christen widersetzten sie sich mutig den erlassenen Befehlen, womit sie bewusst ihr Leben riskierten. – Die Berichte erschienen in den fünfziger Jahren im »Fränkischen Volksblatt« und in der Zeitschrift »Erdkreis«.*

Der Retter des Käppele

»Es ist eine Stunde tiefster Erschütterung.« Mit diesen Worten beginnt der greise Bischof Matthias Ehrenfried am 25. März 1945 sein »Hirtenwort zur Heimsuchung der Stadt Würzburg durch Flieger am 16. März«. Dann zählt er die großen Verluste der katholischen Kirche auf.

Das Käppele, so kann er den Gläubigen mitteilen, ist mit kleineren Schäden davongekommen. Im Gegensatz zu fast allen anderen Gotteshäusern. Auf die Wallfahrtskirche am Nikolausberg waren in jener Bombennacht etwa ein halbes Dutzend Phosphorbomben niedergegangen. Das Feuer konnte jedoch in verhältnismäßig kurzer Zeit gelöscht werden. Im Dach über der Orgel klaffte zwar ein großes Loch, doch im wesentlichen ist das Käppele unversehrt geblieben.
Zehn Tage nach dem Hirtenwort wollen SS-Männer nachholen, was die englischen Bomber versäumten.
Soldaten der 42. US-Infanteriedivision unter Generalmajor Harry J. Collins halten seit Ostermontag, 2. April, die gesamte linke Mainseite von Heidingsfeld bis zur Festung Marienberg besetzt. Die deutsche Wehrmacht hat sich auf das rechte Mainufer zurückgezogen und liefert sich mit den Amerikanern ein heftiges Artillerieduell.
Am 3. April gehen auf dem Nikolausberg US-Panzer in Stellung. Sie nehmen Ziele in der Stadt unter Feuer. Wenige Stunden später werden die Brücken über den Main in die Luft gejagt.
Etwa 200 Meter südöstlich des Wasserturms auf der Keesburg, am Rande der heutigen Siebold-Anlagen, liegen Angehörige der 505. Flakbrigade. Sie bemühen sich verzweifelt, mit einer Batterie von »Acht-Acht« und Vierlingsflakgeschützen die über den Main dringenden Amerikaner zu stoppen.
An einer der langen, getarnten Kanonen ist der Gefreite Ludwig Hermann aus Geldersheim, Geschützführer. 35 Jahre alt, fast zwei Meter groß und zwei Zentner schwer ist er ein Hüne von einem Mann. Später sagt er, dass er in diesen Jahren trotz der schlechten Verpflegung »mit dem Teufel gerungen hätte, wenn es notwendig gewesen wäre«.
Der Gefreite stammt aus einer alten Bauernfamilie im Ochsenfurter Gau. Mit fünf Jahren hatte er erstmals das Käppele besucht, das er nun von seinem Unterstand aus gut erkennen kann. Er war häufig zu Gast dort oben: Sein Onkel, Pater Claudius, diente im Kapuzinerorden und war 1942 im Käppele verstorben.
Seine tiefe Frömmigkeit hat Ludwig Hermann zu dieser Zeit bereits mit den Militärs in Konflikt gebracht. Am Tag Mariä Empfängnis des Jahres 1944 wurde er in Pilsen vom Unteroffiziersanwärter zum Gefreiten degradiert, weil er statt des vorgeschriebenen nationalsozialistischen Unterrichts eine Kirche besucht hatte. In der Wachstube riss er sich damals die Schulterklappen selbst von der Uniform und warf sie seinem Vorgesetzten vor die Stiefel. 20 Tage Arrest waren die Quittung.

*Ludwig Hermann,
der Retter des Käppele*

Viele Jahre später in einer gemütlichen Bauernstube, blickt er auf seine großen, schweren Hände und meint: »Ich hätte den Spieß damals zusammenhauen können ...« Ein Geistlicher, der Ludwig Hermann kannte, bezeichnete ihn als einfachen, bescheidenen, tief gläubigen und glaubwürdigen Menschen. Auch wir haben keinen Grund, seine Schilderung der Ereignisse vom 4. April 1945 anzuzweifeln.

In den Mittagsstunden dieses Frühlingstages reißt plötzlich die Verbindung zwischen seiner Flakbatterie und dem Stab in Unterdürrbach ab. Der letzte Befehl lautete, amerikanische Panzer auf der Mergentheimer Straße unter Beschuss zu nehmen.

Gegen 14.30 Uhr tauchen am Geschütz des stämmigen Gefreiten drei Angehörige der Waffen-SS auf. Sie befehlen ihm, sofort 20 Schuss auf das Käppele abzugeben, da dort Artilleriebeobachter der Amerikaner zu vermuten seien.

Hermann verweigerte den Befehl. Er verweist auf seine letzte Order. Als die SS-Männer drohen, antwortet er ihnen, dass er nur noch 15 Granaten für seine »Acht-Acht« habe und die für die Panzer benötige.

Die SS-Leute erkundigen sich daraufhin nach dem nächsten Waffendepot. Der Geschützführer verweist auf ein Lager bei Unterpleichfeld. Er verheimlicht dabei, dass dort nur noch Haubitzen-Munition lagert, die er nicht verwenden kann.

Gegen 16 Uhr treffen 10,5 cm-Granaten am Geschütz ein. Ein SS-Mann gibt erneut Feuerbefehl auf das Käppele. Hermann erklärt, dass ihm unbrauchbare Munition geliefert worden sei. Als der SS-Mann am Geschützturm auftaucht, sind er und seine Kameraden vorbereitet. Ihre Gewehre stehen entsichert bereit. Sie sind fest entschlossen, nicht auf das Käppele zu schießen. »Ich habe immer nur gesagt, auf das Käppele wird nicht geschossen. Das ist ein Heiligtum für das Frankenland. Und dort liegt mein Onkel begraben.« Der SS-Mann schwingt sich auf ein Rad und fährt davon. Noch am Abend des gleichen Tages wird Hermann durch Granatsplitter schwer verwundet. Er schleppt sich bis nach Gerbrunn, dann bricht er bewusstlos zusammen. Am nächsten Morgen erwacht er in einem Lazarett in Dettelbach. Vier Wochen vor der deutschen Kapitulation ist der Krieg für ihn zu Ende.

Der Retter der Basilika von Kevelaer

Der Schicksalswinter 1944/45 begann seine düsteren Schatten auch auf den Niederrhein zu werfen. Bis zur Höhe des Winters lag die Front nach Westen an der Maas, nach Norden im Reichswald bei Kleve. Dann schob sie sich immer näher auf Kevelaer zu. Die Einwohner sollten Haus und Hof verlassen. Eine große Anzahl hatte freiwillig das Los der Fremde gewählt, der Rest sollte zwangsweise dazu veranlasst werden. Da geschah es: ein paar Frauen begannen mit einer neuntägigen Andacht vor der Gnadenkapelle, dann mehrte sich von Abend zu Abend die Zahl, bis es an die Tausend waren, die trotz Nacht und Wetter und Bombern nicht aufhörten, die Gottesmutter zu bestürmen. Im September schon hatte Dechant Holtmann seinen Pfarrkindern gesagt, er werde Kevelaer nicht verlassen, im Vertrauen auf Maria. Das stärkte den Frauen den Mut. Eine Novene löst die andere ab. Man glaubte, mit der Verhaftung des Dechanten am 2. Januar dem Widerstand gegen die Zwangsevakuierung das Rückgrat gebrochen zu haben. Doch stärker war der Glaube an die Macht Mariens, die nun hinter verriegelten Türen und in den Kellern erbetet wurde. Am 11. Februar wurde Kevelaer stark mit Bomben belegt. Der Aschermittwoch, der 14. Februar, wurde ein Schreckenstag, der vieles in Trümmer sinken ließ. Wo noch Menschen in Kellern und Schlupfwinkeln zusammenkauerten, wurde unablässig der Himmel bestürmt, oftmals zusammen mit den einquartierten Soldaten.

Als die Aussichtslosigkeit der Lage immer klarer wurde, gab die Führung den Befehl, besondere Objekte, darunter die Kirchen, vor dem Abzug der deutschen Truppen zu sprengen. Die Sprengung der Basilika hätte schwersten, unabsehbaren Schaden auch für die zu ihren Füßen liegende Gnadenkapelle und Kerzenkapelle gebracht. In Kevelaer hatte der Wachtmeister Peter Staudt aus Aschaffenburg die Sprengungen vorzubereiten. Doch dieser, in einer Marienkirche getauft, wollte sich eines solchen Frevels an einem Marienheiligtum nicht schuldig machen. Die Sprengladung wurde angebracht, doch so, dass sie nicht losgehen konnte. Da stieß unerwartet der Amerikaner von Venlo her auf die Weseler Rheinbrücke vor, so dass alles nördlich dieser Linie Hals über Kopf auf Wesel zu flüchtete. In der Morgenstunde des 3. März wurde telephonisch der Befehl zur Sprengung durchgegeben. Die Zündung klappte nicht; die Basilika war gerettet. Die Sprengtrupps räumten Kevelaer als letzte unter Beschuss in aller Eile. Zwar sollte Staudt vor ein Kriegsgericht gestellt werden, doch die Gefangennahme seines Trupps bewahrte ihn vor der Erschießung.

Bewusster Widerstand der Journalisten

Journalisten, so ist im Zusammenhang mit dem Widerstand gegen den Nationalsozialismus zu hören, hätten sich da kaum hervorgetan. Eher müsse man das Gegenteil feststellen. Das freilich kann man den Journalisten und Redakteuren dieser Zeitung nicht nachsagen.
Schon im Jahre 1933 wurde das Fränkische Volksblatt von den Nationalsozialisten fünfmal verboten. Am 23. März hat man den politischen Redakteur Georg Page für einige Tage in »Schutzhaft« genommen, am 21. Juni die Redaktionsräume der Zeitung durchwühlt und am 26. Juni wurde der damalige Chefredakteur Geistlicher Rat Heinrich Leier verhaftet. Sein Nachfolger, August Becker, wird am 19. April 1934 von Nazischergen misshandelt, dass er ins Juliusspital eingeliefert werden musste. Die Auslieferung der Zeitung wird wieder für acht Tage verboten. Am 18. September 1935 erfolgt der zweite Sturm auf das Echterhaus. Der Redakteur Saal und die beiden Verlagsdirektoren Franz Wegner und von Rhoda werden für mehrere Tage in Schutzhaft genommen. 1936 schließlich wird die Zeitung dem Einfluss der Fränkischen Gesellschaftsdruckerei, die ursprünglich gegründet wurde, um diese Zeitung

19. April 1934: Volksblatt-Chefredakteur August Becker wird nach Misshandlungen durch die SA von der Polizei in Schutzhaft genommen

herauszugeben, entzogen und sieben Jahre darauf, am 1. April 1943, von den Nazis endgültig verboten.

Der Grund für diese Verfolgungen, Inhaftierungen, befristeten Erscheinungsverbote und dann die endgültige Einstellung war immer eine antinazistische Berichterstattung, waren Kommentare und Leitartikel, vor allem des damaligen Chefredakteurs Leier, in denen nationalsozialistisches Unrecht, die unmenschliche, unchristliche und antikirchliche Politik der Nazis gebrandmarkt wurden.

Es ist also fair, auch an diese Widerständler gegen das Nazi-Reich zu erinnern, an diese Leidenszeit früherer Kollegen und an das Schicksal einer Zeitung, die von Anfang an den Kampf für »Wahrheit, Freiheit und Recht« auf ihre Fahne geschrieben hatte.

Gerade in einer Zeit, in der, technisch und wirtschaftlich bedingt, Medienkonzentrationen an der Tagesordnung sind, sollte man im Blick auf die Vergangenheit erkennen, wie notwendig Pressefreiheit und Meinungsvielfalt sind, wie verhängnisvoll sich Diktatur und Meinungsmonopol im Presse- und Mediensektor auswirken können.

Hermann Kober im Fränkischen Volksblatt vom 19.7.1988

Meine Verhaftung

Franz Wegner war Direktor der Fränkischen Gesellschaftsdruckerei und des Echter-Verlages. In den schweren Zeiten, von 1931 bis 1967, in der Nazi- und Kriegszeit, der Zerstörung und des Wiederaufbaus, stand er an der Spitze des Hauses Echter. Er schrieb über seine Verhaftung:

»Kurz vor dem Sturm auf das Echterhaus, am Morgen des 18. September 1935, wurde ich von einem Gestapo-Beamten abgeholt und dem damaligen Leiter der Gestapo, Herrn Gerum, vorgeführt.
In Anwesenheit des Gaupresseamtleiters Rentrup wurde ich von Herrn Gerum verhört. Er schrie mich an, ich sei als Verleger für die Kirchenzeitung verantwortlich und er müsse mich in Schutzhaft nehmen, weil sonst die ›kochende Volksseele‹ mich lynchen würde, die Schutzhaft sei in meinem eigenen Interesse.
Ich erklärte ihm, dass ich nicht der Verleger dieser Zeitung sei, sondern nur der Drucker und der Kommissionsverleger. Aus dem Impressum gehe eindeutig hervor, dass als Herausgeber die katholischen Pfarrämter Würzburgs zeichnen. Ich wäre deshalb der Meinung, dass nicht ich verhaftet werden müsste, sondern die katholischen Stadtpfarrer von Würzburg. Darauf Herr Gerum, das interessiere ihn nicht, für ihn sei ich verantwortlich.
Nach einer weiteren Schimpfkanonade, in der er mir Nichterfassen der heutigen Zeit und mangelnde verlegerische Verantwortung gegenüber dem Dritten Reich vorwarf, konnte ich endlich ein Wort sagen, indem ich ihm erklärte, ich wäre ja kein Nationalsozialist und er könne deshalb von mir auch nicht verlangen, dass ich das erkenne, wenn etwas gegen den Nationalsozialismus in diesem Blatt gestanden habe, außerdem müsste ich feststellen, dass die Gestapo selbst drei Tage gebraucht habe, bis sie diesen Artikel als gegen den Staat gerichtet erkannt hat, denn so lange sei das Blatt schon unter der Bevölkerung, wie könne er dann von mir verlangen, dass ich das sofort hätte erkennen müssen.
Daraufhin wurde er sehr wütend und ließ mich abführen in eine der Zellen des Dachgeschosses im rechten Flügel des Rathauses. Die Haft war erträglich. Meine Frau konnte mir das Essen bringen. Eine Haftpsychose habe ich nicht bekommen. Ich durfte sogar lesen. Nur als ich bat, mich rasieren zu dürfen und meine Frau mir ein Rasiermesser brachte, wurde mir das verweigert, weil man glaubte, ich könnte mir eventuell

den Hals durchschneiden – so besorgt waren die Nazis. Der Gefängniswärter (ein alter Würzburger, ehemaliger Polizeikommissar Englert) war sehr angenehm.
In der Zwischenzeit musste ich noch einmal meine Aussagen zu Protokoll geben und ich scheute mich nicht, das gleiche auszusagen, was ich schon Herrn Gerum als Antwort gab. Bei meiner Entlassung wurde ich noch einmal Herrn Gerum vorgeführt. Er erklärte mir, ich könne vorläufig nicht in den Betrieb gehen, weil alle Betriebsangehörigen gegen mich aufgebracht seien und er würde mir raten, für einige Wochen irgendwo auswärts zu verschwinden. Ich erklärte ihm, dass ich in Oberdürrbach ein Wochenendhäuschen habe und wenn ich mich dort aufhalten würde, ob das seinen Vorstellungen entspräche, er bejahte das.
Trotzdem ging ich nach acht Tagen in den Betrieb und war keineswegs überrascht, als auf meinem Schreibtisch ein Meer von Blumen war, die mir die Betriebsangehörigen zum Empfang geschenkt hatten. Ich wusste ja, dass das, was mir Herr Gerum sagte, eine Lüge war.«

Bei der Kirchenzeitung, die hier erwähnt wird und verboten werden sollte, handelte es sich um die »Kirchenzeitung für die Stadt Würzburg«, die neben dem Sonntagsblatt erschien und außer kirchlichen Nachrichten auch Artikel zu den Tagesereignissen enthielt.

Die tapferen Frauen von Eibelstadt

Von Erika Groth-Schmachtenberger

In Eibelstadt gab es standfeste Mädchen, die auch bei Kriegsende ihren Mann stellten. Die etwa 200 Frauen des kleinen Weinstädtchens nahe Würzburg haben verhindert, dass damals die Tore von Eibelstadt geschlossen wurden. Jedes Mal, wenn die deutschen Soldaten versuchten, die Stadttore mit dicken Balken zu verrammeln, hoben die Frauen ein Riesengeschrei an. Und das ging vier Tage und Nächte so. Schließlich gaben die Soldaten, aber auch die Behörden, diesen Plan auf. Von Gründonnerstag bis Ostersonntag 1945 saßen die Frauen abwechslungsweise auf den Balken, bis am Ostermorgen die ersten amerikanischen Panzer mühelos durch die unverteidigten Tore rollen konnten. Sicher wäre Eibelstadt sonst zerstört worden.
Ähnlich ging es am unteren Maintor zu. Dort waren es mehr die jüngeren Mädchen, die sich so tatkräftig zeigten. Zuerst schauten sie ruhig zu,

Die tapferen Frauen und Mädchen von Eibelstadt

wie die deutschen Soldaten mit viel Mühe die riesigen Holzbalken als Panzersperre einbauten. Nachts aber wurde es dann lebendig. Aus allen Gässchen kamen die tatkräftigen Mädchen in Hausschuhen hervorgeschlichen und zogen mit Stricken und Ketten alles wieder heraus. Noch rechtzeitig vor dem Einmarsch der Amerikaner hatte eine Frau auf dem Kirchturm die weiße Fahne gehisst.

Für die Kreuze im Schulzimmer

Doch auch schon früher war in Eibelstadt ähnliches geschehen: 1941, als die Schulleitung des Städtchens über Nacht alle Kruzifixe aus den Schulzimmern entfernen ließ, stiegen die tatkräftigen Frauen frühmorgens durchs Schulfenster, hängten alle Kruzifixe wieder an den alten Stellen auf. Das machte Mut. Andere Mütter, die noch draußen warteten, stiegen dazu, und zum Schluss hatte sich ein ganzes Häuflein von Müttern im Klassenzimmer versammelt. Alles war plötzlich voll feierlicher Stimmung, und als eine Frau das Lied »Oh Heil'ges Kreuz, sei uns gegrüßt« anstimmte, fielen die anderen im Chor ein. Von da ab unternahm die Schulleitung nichts mehr gegen die Kruzifixe. Die Frauen hatten geschworen, diese Aktion so lange zu wiederholen, so oft man es wage, ihren Herrgott aus den Schulzimmern zu nehmen.

»Unser Schicksal liegt in Gottes Hand«

Der Kolitzheimer Ökonomierat, Bürgermeister und Reichstagsabgeordnete Franz Herbert wurde infolge des Hitler-Attentats vom 20. Juli 1944 »wegen Gefährdung der öffentlichen Sicherheit« am 24. August 1944 verhaftet. Sein Weg führt über Würzburg in das Konzentrationslager Dachau, von dort nach Auschwitz und Monowitz. Auf dem Marsch von Auschwitz nach Mauthausen erleidet er den Tod. Franz Herbert, bis zur Machtübernahme der Nationalsozialisten 1933 Bürgermeister von Kolitzheim (Landkreis Schweinfurt) und Abgeordneter der Bayerischen Volkspartei, ist Opfer von Himmlers »Aktion Gewitter«, bei der im August 1944 die Geheime Staatspolizei 5000 Gegner des NS-Regimes festnimmt.

Herbert gilt den Nationalsozialisten schon seit Jahren als Gegner. Gleich nach der Machtübernahme 1933 entziehen sie dem 1885 geborenen Kolitzheimer Landwirt und Bürgermeister alle seine öffentlichen Aufgaben. Er muss sein seit 1920 bestehendes Mandat als Abgeordneter der Bayerischen Volkspartei im Deutschen Reichstag und das Amt des Präsidenten des Unterfränkischen Christlichen Bauernvereins niederlegen. Die Regierung von Unterfranken und Aschaffenburg schreibt am 2. Juni 1933: »Im Einvernehmen mit dem Gauleiter von Unterfranken der NSDAP wird die Bestätigung der Wahl des Ökonomierats Franz Herbert zum ehrenamtlichen 1. Bürgermeister der Gemeinde Kolitzheim versagt, weil der Gewählte nach den Erhebungen politisch nicht tragbar ist und deshalb nicht die Gewähr dafür bietet, dass er jederzeit rückhaltlos für den jetzigen nationalen Staat eintreten wird.« Ende Juni 1933 wird Herbert in Würzburg in Schutzhaft genommen. Im Haftbefehl heißt es: »Der Inhaftierte war auf Weisung der Bayerischen politischen Polizei vom 25. 6. 1933 in seiner Eigenschaft als Funktionär der Bayerischen Volkspartei (BVP) in Schutzhaft zu nehmen. Ein Rechtsmittel steht dem Verhafteten gegen diese Entscheidung nicht zu.«

Nach der Schutzhaft lebt Herbert als Landwirt zurückgezogen in Kolitzheim. Dem Würzburger Bischof Matthias Ehrenfried ist er freundschaftlich verbunden und steht deswegen unter ständiger Beobachtung durch die Gestapo. Kontakte hält er beispielsweise auch mit der Familie Hundhammer, die nach dem Krieg den Landwirtschaftsminister stellen wird. Sein Widerstand gegen das NS-Regime zeigt sich am deutlichsten darin, dass er den Deutschen Gruß verweigert. Der Landrat von Gerolzhofen erlässt am 20. Februar 1941 eine polizeiliche Strafverfügung gegen

Franz Herbert und seine Frau Therese

Herbert: »Durch Ihr Geständnis ist erwiesen, dass Sie am 6.2.1941 in den Räumen des Wirtschaftsamtes ostentativ mit »Guten Morgen« grüßten und trotz des Ihnen gebotenen Deutschen Grußes auch beim Verlassen dieser Räume Ihren eigenen Gruß wiederholten. Sie haben dadurch den Bestand der öffentlichen Ordnung gestört und bei den Angestellten des Wirtschaftsamtes erheblichen Anstoß erregt und Empörung ausgelöst. Ihr Verhalten erfüllt den Tatbestand des groben Unfugs.«

Nach der Verhaftung führt der Weg des schwer herzkranken Kolitzheimers über Würzburg, Dachau und Auschwitz und in die dortige Außenstelle Monowitz. Als Häftling mit der Nummer 200 306 muss er in einer Fabrik an der Produktion von synthetischem Benzin und Gummi mitarbeiten. Vier Briefe schreibt Herbert in der Zeit zwischen 16. November 1944 und 7. Januar 1945 an seine Frau. Es sind die letzten Lebenszeichen und zeugen von seiner tiefen christlichen Grundhaltung.

Brief von Franz Herbert an seine Frau Therese aus dem Gefängnis in Würzburg, am

Tag des Abtransports in das Konzentrationslager Dachau: »Würzburg, 16. November 1944. Liebe Therese! Heute, kurz vor meiner Abreise, will ich in Gedanken noch einige Minuten bei Dir sein. Der Abschied war etwas kurz. (...) Schreibe mir bitte bald: Adr. F. H., Dachau, Konzentrationslager. (...) Gerne bringe ich die mir auferlegten Opfer, wenn ich Euch nur wiedersehe und der Krieg ein baldiges glückliches Ende nimmt. Dann sind auch unsere Opfer und Sorgen nicht vergebens. Das Vaterland braucht unsere Opfer, wir wollen das Letzte entbieten für einen siegreichen Frieden. (...) Wir stehen alle in Gottes Hand. Ein starkes Gottesvertrauen wird uns aufrechterhalten in dieser schweren Kriegszeit.«
Die Freilassungsgesuche der Ehefrau werden »aus sicherheitspolizeilichen Gründen« abgelehnt.

Den ersten Brief aus Auschwitz sendet er am 3. Dezember 1944. Er bittet um Esswaren und fragt: »Ob wir zu Weihnachten uns wiedersehen?« Kurz vor Weihnachten, am 17. Dezember 1944, hat er diese Hoffnung aufgegeben: »Es ist freilich ein weiter Weg zwischen uns. In einer Woche ist Heiligabend. Ich werde an Euch denken, ihr an mich. Der unerbittliche Krieg fordert allseits schwere Opfer. Wir wollen gerne das Unsere bringen, wenn wir uns nur wiedersehen, auch wenn es etwas später wird. Unser Schicksal liegt in Gottes Hand.«
Der letzte Brief des Gefangenen aus Monowitz bei Auschwitz trägt das Datum des 7. Januar 1945: »Zum Neuen Jahr wünschen wir uns alle gegenseitig alles Gute für Leib und Seele, besonders ein baldiges gesundes Wiedersehen. Ich bin in Sorge, wie es Euch allen geht.« Kurz vor der Befreiung von Auschwitz durch die Rote Armee am 27. Januar 1945 erfolgt der Todesmarsch. Ziel ist das Konzentrationslager Mauthausen bei Linz. Herberts Spuren verlieren sich im Schnee der Wintertage. Sein Tod liegt im Dunkeln. Der Frankfurter Suchdienst gibt den 7. Februar 1945 als Todestag an. Wahrscheinlich stirbt Herbert an den Strapazen des Marsches. Seine letzte Ruhestätte ist unbekannt: Begraben vielleicht irgendwo am Weg von Auschwitz nach Mauthausen.

Bernhard Schweßinger

Bis zuletzt sich selbst treu geblieben
Dr. Franz Sperr aus Karlstadt

Am 23. Januar 1945 wurde der im unterfränkischen Karlstadt geborene Dr. Franz Sperr im Berliner Gefängnis Plötzensee hingerichtet. Verurteilt wegen seiner Mitwissenschaft um das Attentat auf Hitler am 20. Juli 1944, zählt Sperr zu den Märtyrern des 20. Jahrhunderts.

Rund um das Attentat auf Hitler in der Wolfsschanze ließ das Naziregime 89 »Schuldige« hinrichten. Auch Franz Sperr, am 12. Februar 1878 in Karlstadt am Main geboren, wurde nach nur drei Verhandlungstagen vom Präsidenten des Volksgerichtshofs, Roland Freisler, zum Tode verurteilt. Zum Verhängnis wurde Sperr, dass er Oberst Klaus Graf von Stauffenberg nicht anzeigte, nachdem dieser ihm von seinem Attentatsplan erzählt hatte. Vielmehr handelte Sperr nach seinen eigenen sittlichen und durch das katholische Elternhaus geprägten Wertvorstellungen. Der letzte Gesandte Bayerns beim Deutschen Reich blieb sich selbst bis zuletzt treu.

Vertreter Bayerns in Berlin

Beim Militär begann Sperr seine berufliche Laufbahn. Nach dem Ersten Weltkrieg wurde er Beamter im Außenministerium und trat für die Interessen Bayerns im Berlin der Weimarer Republik ein. 1933 übernahm er das Amt des Bayerischen Gesandten in der Hauptstadt. Bald nach Amtsantritt erwartete ihn eine besondere Bewährungsprobe. Während das Kabinett Schleicher zum Koalitionskabinett Hitler-Papen umgewandelt wurde, versuchte er durch Diplomatie die Einführung des Staatsnotstands, den Verfassungsbruch und die Gleichschaltung Bayerns zu verhindern – ohne Erfolg.

Als 1934 das Gesetz zum Neuaufbau des Reiches die Länder entmachtet, zog Sperr die Konseqenz und legte sein Amt nieder. Zurück in München sammelte er Gleichgesinnte um sich. Sie hofften auf einen baldigen Sturz Hitlers. Zum so genannten »Sperr-Kreis« zählten primär Offiziere und höhere Beamte, aber auch Freiberufler. Drohenden Unruhen nach Hitlers Ende wollten sie zumindest in Bayern vorbeugen und die Verwaltung des Staates übernehmen.

Die Widerständler, allen voran Sperr selbst, unterhielten zudem Kontakte zum »Kreisauer Kreis« um Helmuth James Graf von Moltke und zu Stauffenberg. Vermittelt worden waren ihm diese durch den Jesuitenpater Alfred Delp. Enge Kontakte gab es weiter zu den Jesuitenpatres Augustin Rösch, Lothar König und Rupert Mayer. 1943 nahm Sperr an Besprechungen mit Moltke und anderen Widerständlern in der Pfarrwohnung der St.-Michaels-Kirche in München teil. Dabei brachte er offenbar seine Vorstellungen über einen föderalistischen Neubeginn nach dem Sturz des Nazi-Regimes ein. Freisler beschuldigte ihn deshalb, vorgehabt zu haben, die Pläne geistlicher Verschwörer, womit er unter anderem Pater Delp meinte, in die Tat umzusetzen. Auch den Kontakt zwischen Sperr und Stauffenberg stellte Delp her. Er diente Freisler als formelle Begründung des Todesurteils.

In Plötzensee ermordet

»In den Wochen meiner Haft hat mir eines immer das Herz erwärmt: der Gedanke an die Liebe meiner Eltern für mich, an die Liebe zwischen Deiner Mutter und mir, unsere beiderseitige Liebe zu Dir« schrieb Sperr im November 1944 vom Gefängnis aus an seinen Sohn. Von Beginn an war Sperr überzeugter Gegner der Nationalsozialisten gewesen und schöpfte seine Verantwortung unter anderem aus der christlich-katholischen Erziehung seines Elternhauses. Durch sein Verhalten schützte er seine Partner und bewahrte sie vor seinem Schicksal. Am 23. Januar 1945 wurde Sperr zusammen mit Moltke und anderen bedeutenden Widerständlern im Berliner Gefängnis Plötzensee ermordet.

POW

Uns rufet die Stunde 82

Dichtung: Franz Morthorst, 1932 / Weise: Adolf Lohmann, 1934

1. Uns ru-fet die Stunde, uns dränget die Zeit. Zu Wächtern, zu Rittern hat Gott uns geweiht. Zum Trotzen und Tra-gen, zum Rin-gen und Wa-gen, so stehn un—sre Scha-ren be—reit. Zum Trotzen und Tragen, zum Rin-gen und Wagen, so stehn unsre Scharen be—reit.

2. Es wehen die Banner, wir schreiten voran. Es lodern die Fackeln, wir streben bergan. ‖: Kein Rasten, kein Stehen im Sturm zu den Höhen! Hier gilt nur der mutige Mann. :‖

3. Christkönig, wir stehen und halten die Wacht. Wir tragen dein Licht gegen Nebel und Nacht. ‖: Herr, segne die Reihen, die freudig sich weihen dir, König der ewigen Macht! :‖

182

Ein Bekenntnislied der Katholischen Jugend aus »Kirchenlied«

»WIR STEHEN FÜR CHRISTUS DEN HERRN BEREIT«
Katholische Jugend im Widerstand

Flugblätter

Von Oskar Neisinger

> *Dieses Kapitel ist dem 1982 im Echter-Verlag erschienenen Buch »Flugblätter« entnommen, in dem Oskar Neisinger seine Erlebnisse im Widerstand der Katholischen Jugend gegen den Nationalsozialismus schildert.*

Vom Zeichensaal meines Gymnasiums aus sah ich das Erwartete und doch Unfassbare: Wie Verbrecher wurden die jüdischen Mitbürger zum Güterbahnhof geführt. In Koffern und Rucksäcken schleppten sie die Habseligkeiten mit, die man ihnen vorläufig gelassen hatte. Manche von ihnen kannte ich. Meine Eltern hatten sie schon lange mit Lebensmitteln und anderen Notwendigkeiten unterstützt. Die vergangene Nacht mussten diese Kinder, Frauen, Männer und Greise unter freiem Himmel im Biergarten eines beliebten Lokals verbringen. Das war genauso allgemein bekannt wie die Beschlagnahmung all ihrer Habe, die Versiegelung ihrer Häuser und die Liquidierung ihrer Menschenrechte. Man musste strohdumm oder gleichgültig sein, wenn man nicht wusste, dass ihr Zug als Ziel den Tod hatte. Hinter den verzweifelten Menschen fuhr langsam ein Mercedes mit SS-Leuten. Ihr Ranghöchster hockte, die blanken Stiefel lässig im Polster des Rücksitzes, auf dem geöffneten Verdeck des Cabriolets. Sein triumphierendes Grinsen habe ich bis heute nicht vergessen.
Musste man damals eigentlich überprivilegiert sein, um zu erfahren, dass Hitler und seine Partei Unrecht, Terror und Krieg bedeuteten? Meine Eltern hatten weder Abitur noch ein akademisches Studium, sie waren politisch nicht vorgebildet und verfügten nur über die gleichen Informationsquellen, die jedem, auch noch unter der Zensur, zur Verfügung standen. Aber sie hatten ein gutes Gedächtnis für die Wahrheit, die schon lange vor 1933 über das Wesen, Wollen und die Figuren des Nationalsozialismus unüberhörbar publiziert worden war. Sie besaßen den gesunden Menschenverstand, der zwischen Propaganda und Wirklichkeit zu unterscheiden vermochte. Und sie hatten genug Phantasie, um sich vorzustellen, welche Absichten sich hinter den immer deutlicher werdenden Stichworten aus dem Vokabular des Untermenschen versteckten: Heimholung, Aussiedlung, Entkonfessionalisierung, Gleich-

schaltung, Ausmerzung, Schutzhaft, Konzentrationslager, Umerziehung, Eingliederung, um nur einige der Vokabeln zu nennen, die damals in aller Mund waren. Mein Vater hat die bösen zwölf Jahre lang kein einziges Mal die obligate Heilsformel für Hitler gesprochen oder die Hand zum Geßlergruß erhoben. Dafür hat er jeden, der den Judenstern am Rock tragen musste, mit herzlicher Hochachtung gegrüßt. An seinem kleinen Geschäftshaus hing zu keiner Stunde eine Nazifahne. Er nahm es hin, dass man ihn boykottierte, sein Geschäft für Monate schloss, ihm jede Behördenlieferung verwehrte. Mein Bruder, meine Schwester und ich wussten von unseren Eltern, was Dachau und Sachsenhausen bedeuteten, wozu Hitlers »Mein Kampf« aufforderte, warum es für die SS die Bezeichnung »Totenkopfverbände« gab, was sich hinter dem harmlosen Kürzel »KZ« an Furchtbarem tarnte, dass die Juden gemordet wurden, dass unsere Kirche vernichtet werden, dass Hitler Deutschland konsequent in einen Krieg treiben sollte. Spezielle Informationsquellen? Wer nicht taub und blind war, musste doch allein aus den zahllosen Reden Hitlers und seiner Kumpanei erschöpfend erfahren haben, was die Braunen planten und taten. Die Rauchwolken aus der Synagoge jedenfalls standen weithin sichtbar über der Stadt. Und der Todeszug der Juden wurde am hellen Tag inszeniert.
Ohne Zweifel war der Zorn über all das eine wesentliche Triebkraft für unsere Versuche, möglichst viele junge Menschen in illegalen Gruppen im Widerstand gegen die herrschende Weltanschauung zu bestärken und sie für das christliche Menschenbild zu begeistern. Eines Tages aber genügte uns das nicht mehr. Wir wollten unseren Abscheu öffentlich ausdrücken. Es gab keine langen Debatten. Wir beschlossen Flugblätter zu verbreiten: gegen den Krieg, gegen Kirchenverfolgung und Judenvernichtung.
Schnell einigten wir uns auf wenige Grundregeln: Der Kreis der Eingeweihten musste klein bleiben. Unbedingte Verschwiegenheit war selbstverständlich. Allen Eventualitäten, entdeckt zu werden, sollte durch Absicherung und Planung unserer Aktivität sorgfältig vorgebaut werden. Wir wussten, wie heiß das Eisen war, das wir anpackten. Und wir hielten nichts von einem »begeisterten Selbstmord«, der uns nach einmaligem Protest den Schergen ausliefern würde. Wir wollten unsere Gegner überleben.
Ein Freund aus dem Ordinariat besorgte uns, weiß Gott woher, eine nagelneue Schreibmaschine, mit der noch keine Zeile geschrieben worden war. Das war wichtig, um zu erwartendes Typenvergleichen der

Gestapo vorzubeugen. Sie wurde nur zum Beschriften der Matrizen für die Flugblätter benützt. Wenn die kostbare »Erika« Pause hatte, hing sie an langer Leine, sorgfältig durch Gummitücher gegen Nässe geschützt, in einem Abflusskanal des elterlichen Kellers.

Nach Mitternacht, wenn kein Vollmond war, fuhren wir mit den Fahrrädern durch die Dörfer unserer Heimat. Einer sicherte hundert Meter voraus, der andere warf die Blätter in die Höfe, Hauseingänge, auf die Straße. Ludwig, dem das Schicksal gesunde Beine vorenthalten hatte, fuhr seine Tour einsam und allein in einem dreirädrigen Vehikel mit Sachsmotor. Die Heimfahrt geschah in Höchstgeschwindigkeit, um von der Straße zu sein, wenn die Gendarmerie oder Gestapo unsere Botschaften in die Hände bekam. Noch vor dem Schlafengehen wurden die Räder tadellos geputzt, damit keine Spuren vom Staub der ländlichen Wege zum Verräter werden konnten. Kurz war die Nachtruhe. Um sieben trafen wir uns in der Frühmesse.

Einige Male fuhren wir in überfüllten Zügen nach München und Frankfurt. Flugblätter auf die Dächer von Taxis, in Hausbriefkästen, auf Anlagenbänke, in verdunkelte Flure von Gasthäusern. War der Rucksack leer, schliefen wir bis zur Zugabfahrt im Gebüsch bahnhofsnaher Parks. Jugendlicher Leichtsinn? Realitätsferner Idealismus? Nein, wir waren uns bewusst, wieviel wir riskierten und wie gering unser Erfolg war. In keiner jener Nächte, wenn uns der Wecker aus dem Bett holte, verschonten uns quälende Angst und Zweifel. Jedes Mal, bevor wir die Räder bestiegen, mussten wir uns neu entscheiden. Und noch Wochen nach unseren Fahrten ließ uns die Furcht vor ihren möglichen Folgen nicht los. Aber wir wussten, warum wir trotzdem immer wieder aufbrachen. Fast jeder neue Tag trieb uns mit seinen Ereignissen dazu an.

Erfolge? Es erschien uns schon viel, wenn wenigstens einige Menschen aufmerksam wurden, dass es den Protest gegen das Unrecht gab. Wir waren zufrieden mit der Gewissheit, dass unsere wenigen Mittel dem SD, der Gestapo und gewissen Behörden Aufregung bereiten, Ärger und Arbeit machen würden.

Darin haben wir uns nicht getäuscht. In den Berichten des Regierungspräsidenten und Gauleiters nach München und in den Stimmungsmeldungen des SD an das Reichssicherheitshauptamt erschienen Texte unserer Flugblätter im Wortlaut, begleitet mit dem Kommentar, sie hätten Unruhe und Aufsehen unter der Bevölkerung erregt.

*Originalfoto der
Heidingsfelder Jugend*

**Protestkundgebung
in Münsterschwarzach**

Einmal durften wir eine Wirkung unserer Flugblätter unmittelbar erleben. Im Frühjahr 1941 war das Kloster Münsterschwarzach unter empörenden Umständen von den Nazis beschlagnahmt, die Benediktinermönche mit ihrem Abt vertrieben worden. Der Katholischen Jugend war dieses Kloster ein leuchtendes Zeichen ihrer Kirche. In seinen Werkstätten, Scheunen, Gastzimmern und vor allem in seinem mächtigen, neuerstandenen Münster waren wir daheim. In einer Maiennacht riefen wir die Bevölkerung mit Flugblättern zum Protest auf. Am Sonntag, dem 11. Mai 1941, versammelten sich daraufhin zwischen 8 und 9 Uhr zahlreiche Demonstranten vor der verschlossenen Kirche. Im Bericht des Gendarmeriekreises über dieses Ereignis kann man unter anderem lesen:
»Der freie Platz vor dem Kloster war von einem Gendarmerieaufgebot abgesperrt ... Innerhalb der abgedrängten Menschenmenge befand sich eine Mannsperson, die sich als Vorbeter aufspielte und sofort mit dem Vorbeten begann. Erkannt wurde diese Person deshalb nicht, weil sie

sich ganz rückwärts befand, wiederholt ihren Platz wechselte und hinter anderen Personen sich versteckt hielt.« Hier irrte sich Herr Nüßlein von der Gendarmerie. Wir sprachen die Lesungen und Gebete abwechselnd zu zweit, und vor dem Geschnappt werden bewahrte uns ein Kordon grimmiger Bauern, den zu durchbrechen den Gendarmen denn doch zu gewagt schien. Weiter hieß es in dem erwähnten Bericht: »Die Demonstration war planmäßig vorbereitet. Sie wurde zu dem Zwecke ausgeführt, um auf diese Weise die Regierung zu zwingen, dass die Klosterkirche für die Kirchenbesucher freigegeben wird. Die Demonstration hat gezeigt, dass bei der radikalen Einstellung der an derselben teilnehmenden Personen durch gütliches Zureden nichts erreicht wird. Es scheinen hier Kreise am Werk zu sein, die planmäßig darauf ausgehen, die öffentliche Ordnung und Sicherheit zu gefährden.«
Wir gefährdeten in der Folge besagte Ordnung und Sicherheit noch zweimal mit Flugblättern, die das brutale Unrecht gegen Münsterschwarzach im Bewusstsein der Bevölkerung wachhalten sollten. Dabei war uns einmal das Ende nah. Wir hatten Flugblätter unter anderem auf einen Omnibus gelegt. Beim Halt vor dem Lehrerhaus in Sommerach blies sie ein Frühlingswind am hellichten Tag vor die Füße einer aus Würzburg herbeigeeilten Gruppe von Gestapobeamten. Lehrer Fischer und seine Tochter wurden verhaftet und noch am gleichen Tag einer aus unserem aktiven Kreis und eine unserer jungen Frauen, die nach seiner Festnahme an seinem Arbeitsplatz, wo schon die Gestapo Haussuchung hielt, angerufen hatte. Vier Menschen also in Untersuchungshaft, die uns kannten und über unsere Aktionen voll Bescheid wussten. Viele Pläne haben wir damals erwogen und wieder verworfen. Endlich waren wir entschlossen, uns zu stellen, wenn es zum Äußersten kommen sollte, nämlich zur Verurteilung oder zur Überführung der Inhaftierten in ein Konzentrationslager. Aber rechtzeitig davor sorgten unsere Schutzengel und ein gerütteltes Maß unterfränkischer Listigkeit dafür, dass alle Beteiligten unversehrt davonkamen. Dieser Erfolg war vor allem dem unerschütterlichen Schweigen der vier im Gefängnis zu danken.

Wie geteilt die Meinungen über die Klosteraufhebung von Münsterschwarzach selbst in den Kreisen der Regierung waren, zeigt der im Auszug hier wiedergegebene Bericht für Mai 1941 an das Staatsministerium des Innern:

»Nr. VS 207g
Der Regierungspräsident an das Staatsministerium des Innern
Betr. Monatsbericht für Mai 1941
Die Schließung des Benediktinerklosters Münsterschwarzach (Landkreis Kitzingen), über die ich gesondert berichtet habe, und die Gerüchte über die Schließung weiterer Klöster haben auch in den benachbarten Landkreisen eine ungeheure Erregung hervorgerufen und die allgemeine Stimmung aufs Ernstlichste gefährdet. Drohungen mit Arbeitsniederlegung bei der ländlichen Bevölkerung als Ausfluss des Ärgernisses und des Verdrusses über die kirchenpolitischen Maßnahmen sind keine Seltenheit. Viele Volksgenossen wollen die Klosterschließung und ihre Begleitumstände auch ihren Soldaten an der Front mitteilen, die ebenfalls sicherlich größte Empörung empfinden. Aber auch die kirchlich nicht gebundenen Kreise sind der Meinung, dass eine Maßnahme wie die Schließung des Kloster Münsterschwarzach unter allen Umständen gegenwärtig hätte unterbleiben müssen ...«

Die führenden Köpfe der Katholischen Jugend im Widerstand

Oskar Neisinger
(18.9.1919 – 14.12.1985)
Aufgrund seiner vom Elternhaus geprägten christlichen Haltung war Oskar Neisinger ein entschiedener Gegner des Nationalsozialismus. In seinen Erinnerungen (»Flugblätter« Echter-Verlag 1982) schreibt er: »Der Zorn über die nazistischen Verbrechen war eine wesentliche Triebkraft für unsere Versuche, möglichst viele junge Menschen in illegalen Gruppen im Widerstand gegen die herrschende Weltanschauung zu bestärken und sie für das christliche Menschenbild zu begeistern.« Mit seiner Überzeugungskraft wurde er zum Vorbild für die Jugend und war der führende Kopf des Widerstandes in der Diözese, der nur durch glückliche Umstände einer Verhaftung durch die Gestapo entkam.
Nach dem Krieg war er der erste Diözesan-Jugendführer und später stellvertretender Bundesführer des Bundes der Deutschen Katholischen Jugend (BDKJ). Außerdem Schriftleiter verschiedener katholischen Publikationen und schließlich Pressereferent der Deutschen Bischofskonferenz.

Oskar Neisinger    *Kaplan Fritz Bauer*    *Ludwig Altenhöfer*

Kaplan Fritz Bauer
(4.7.1913 – 28.2.1995)

Kaplan Bauer, in der katholischen Jugend nur unter dem Namen »Käp« bekannt, war während der Zeit des Widerstandes Domkaplan und der geistliche Führer der Würzburger Jugend, »dessen priesterliches Wort und Vorbild unserer Gemeinschaft in restloser Hingabe die geistlichen Impulse gegeben hatte« (Oskar Neisinger).

Zeitzeugen schildern ihn als einen Menschen mit beeindruckendem Charisma, der nicht nur die Jugend begeisterte, sondern als Priester in der Nachfolge Christi allen Anvertrauten Leitbild war. Bald nach Kriegsende, im August 1945, musste er von Würzburg Abschied nehmen und war bis zu seinem Tod Seelsorger in der damaligen DDR.

Ludwig Altenhöfer
(8.12.1921 – 26.12.1974)

Ludwig Altenhöfer war neben Oskar Neisinger eine der tragenden Figuren des Widerstandes der katholischen Jugend Frankens. Durch eine schwere körperliche Behinderung auf den Rollstuhl angewiesen, war er trotzdem immer an vorderster Front zu finden. So war er aktiv an der Protestaktion aus Anlass der Schließung der Abtei Münsterschwarzach beteiligt, die er in seinem Buch »Aktion Grün« beschrieben hat. Außerdem an der Kundgebung vor dem Bischofspalais aus Anlass des Bistumsjubiläums 1941, was ihm die Festnahme durch die Gestapo und einige Tage Haft einbrachte.

Die Bedeutung von Kirche und Pfarrei St. Burkard im Widerstand

Der Kampf gegen die Kirche eskaliert

Ein wichtiges Jahr in verschiedener Hinsicht war 1941, in dem einige folgenschwere Ereignisse zusammentrafen. Für die Diözese Würzburg war es jedoch zunächst ein freudiges, nämlich die Feier ihres 1200-jährigen Bestehens. Doch während sich zur gleichen Zeit Deutschland auf den Krieg gegen Russland vorbereitete, der schließlich in einer Katastrophe enden sollte, eskalierte im Innern des Reiches der Kampf gegen den »Undeutschen Geist«, sprich Christentum und Judentum, der in der Schließung der Klöster und in der Vernichtung der Juden gipfelte.
Besonders der Kampf gegen die Kirche weckte den Widerstand katholischer Kreise, besonders der Jugend.

Kapitelsaal und Pfarrheim als Zufluchtsort

Um die Jugend im Glauben wie auch weltanschaulich systematisch bilden zu können, suchte man geeignete Räume, die vom unvergessenen Pfarrer Joseph Heeger mit dem vom Hochchor der Kirche aus zugänglichen Kapitelsaal, sowie der Möglichkeit der Nutzung des Pfarrheims zur Verfügung gestellt wurden. Der Kapitelsaal, damals ein ungepflegter Abstellraum, wurde von den Jugendlichen in mühsamer, geheimer Arbeit in einen Versammlungsraum umgestaltet.
Hier begann nun verbotener Weise unter dem Decknamen Bauernstunde (benannt nach Kaplan Bauer) eine monatlich stattfindende und bis Kriegsende dauernde Führerschulung durch Priester und Laien, auch von außerhalb, an der jeweils bis zu 70 Mädchen und Jungen teilnahmen. Aus diesem Kreis gingen schließlich zehn Priester und zwei Ordensschwestern hervor. Daneben wurde für die junge Führerschaft monatlich eine Arbeitsmappe zur Jugendbildung erstellt, die in bis zu 600 Exemplaren vervielfältigt und verteilt, wie auch über die Grenzen der Diözese hinaus versandt wurde.
Die Protestaktion gegen die Schließung der Abtei Münsterschwarzach im Mai 1941 wurde im Zimmer hinter der Bühne des Pfarrheims von St. Burkard beschlossen und organisiert. (Näheres über diese Aktion siehe Seiten 81 bis 83 dieses Buches)

Erhebende Feier zum 1200-jährigen Burkard-Jubiläum

Ein Höhepunkt des Jahres 1941 für St. Burkard war die Feier des 1200-jährigen Burkardus-Jubiläums, an dessen Gestaltung auch die Würzburger Katholische Jugend beteiligt war.
Pfarrer Heeger berichtet darüber in der Festschrift »1000 Jahre Translatio Sancti Burkardi«: »Um 14 Uhr fand die erhebende Burkardus-Jubelfeier der Würzburger Pfarrjugend statt, die von ca. 1200 Jungmädchen und Jungmännern besucht war; den Text zur Feier stellte Ludwig Altenhöfer aus Schriftworten und aus Liedern aus dem »Kirchenlied« und dem »Singeschiff« zusammen. Domkapellmeister Richard Schömig, Dichter und Komponist des neuen Burkardus-Liedes, hielt die Ansprache, den eucharistischen Segen erteilte Pfarrer Heeger. Die Heidingsfelder Pfarrjugend sang den Kanon »Lasst uns Christi Heerbann sein«. Wie der Einzug zum Hochchor mit den Bannern erfolgte, so auch der Auszug. Die Feier machte auf alle Teilnehmer einen tiefen Eindruck und war ein prächtiger Auftakt für die kommenden Festtage.«
So zeigte sich in diesen Ereignissen, aber nicht nur in jenen des Jahres 1941, die Verbundenheit der Katholischen Jugend Würzburgs und deren Widerstand mit Kirche und Pfarrei St. Burkard. Eine Verbundenheit, die bei den noch lebenden Zeugen aus jener Zeit bis heute nicht erloschen ist.

Hans Kufner

»Ein Fähnlein in Christi Heerbann«
Lebendige katholische Jugend am Beispiel Heidingsfeld

In den dreißiger Jahren, also zu Beginn der Nazi-Ära, hatten wir in Heidingsfeld drei Geistliche: Pfarrer Franz Bretz, ein gebürtiger Bürgstadter, der eine ganze Generation Heidingsfelder prägte; Benefiziat Michael Schmitt genannt Prediger, sowie einen Kaplan. Deren Einstellung zum Nationalsozialismus war stets konträr.
Von Benefiziat Schmitt, der auch Diözesanpräses der »Sturmschar« war, einer Gliederung im Katholischen Jungmännerverband, ist folgender Ausspruch aus einer Führerrunde von 1931 überliefert: »Und wenn ihr unsere herrliche jungdeutsche Tradition den Nazis überlasst, seid ihr nichts anderes als Arschlöcher!« Was hätte seine Einstellung zum Nationalsozialismus deutlicher zeigen können?

Pfarrer Bretz war 1934 mehrfach Hausdurchsuchungen und Gestapoverhören ausgesetzt, sowie mehrwöchiger »Schutzhaft« im Gefängnis wegen schriftlicher und mündlicher Äußerungen gegen das NS-Regime. Das betraf eine heimliche Eltern- und Erziehungsberechtigten-Abstimmung über die Beibehaltung der Konfessionsschule.

Am Josefstag 1935 trat der Heidingsfelder Gesellenverein letztmals öffentlich in Erscheinung mit einem festlichen Zug in die Kirche. Das anschließende Beisammensein wurde als Ripples-Essen getarnt. Soll doch ein Nazi-Funktionär gesagt haben: »Heimabende dürft ihr keine halten, aber fressen dürft ihr, so viel ihr wollt!«

Als schließlich in den Jahren 1936 bis 38 die katholische wie überhaupt die konfessionelle Vereins- und Jugendarbeit durch nazistische Verordnungen und Verbote mehr und mehr zum Erliegen kam, hatte Benefiziat Schmitt eine großartige Idee: Er begann 1938 mit Buben eine Knabenschola, und mit den Resten der Jugend und der katholischen Vereine einen Kirchenchor aufzubauen. Dieser wurde somit ein Sammelbecken für die gesamte offiziell verbotene Jugend- und Vereinsarbeit.

Darüber hinaus gab er auch den Anstoß zur Gründung einer Jugendgruppe mit den zwölf- bis sechzehnjährigen, die in den Jahren bis zum Kriegsende – soweit sie nicht Kriegsdienst leisten mussten – ein selbst-

Die Knabenschola wurde der Kern der Jugendgruppe

gestaltetes, jugendbewegtes Leben führte, mit Heimabenden, Fahrten und Wanderungen. (Analog dazu gab es auch eine Mädchengruppe.)
Im Lauf der Zeit gerieten die Mitglieder der Gruppe mehrfach ins Visier der Gestapo. Erstmals im September 1941, als die Buben, anstatt zum HJ-Dienst anzutreten, die Kirchenchorprobe besuchten.
Da es ab 1938 für die Jugendlichen durch Gesetz Pflicht war, Mitglied der Hitlerjugend zu sein, standen die katholischen Jugendlichen praktisch in zwei Lagern: In dem einen aus Überzeugung, im andern unter Zwang. An jenem Septembertag also erschienen zwei Nazi-Funktionäre in der Chorprobe, notierten alle nicht angetretenen HJ-Mitglieder und meldeten sie der Gestapo. Die Protokolle von den darauffolgenden Verhören sind im Besitz der Gruppe. Aus ihnen ist zu erkennen, wie geschickt sich die Buben, die natürlich gut darauf vorbereitet waren, aus der Affäre zogen, so dass sie ungeschoren davon kamen.
Ein weiteres Mal trat die Gestapo auf den Plan, als die Gruppe bei einem Geländespiel einen Zettel mit Namen und Spielanweisungen verlor, den der Finder an die Gestapo weitergab. Auch jetzt folgten Verhöre, wieder ohne Folgen.
Schlimm hätte es in einem anderen Fall ausgehen können, als die Buben von einer Nazi-Frau angezeigt wurden, die beobachtet hatte, dass sie sich häufig in einer bestimmten Wohnung trafen. Daraufhin wollte die Gestapo den Wohnungsinhaber, den damaligen geistigen Führer der Gruppe belangen, der aber zu seinem Glück inzwischen zum Wehrdienst eingerückt war. Ähnliche Fälle endeten des öfteren mit KZ-Haft.
Als im Mai 1941 die Benediktinerabtei Münsterschwarzach aufgehoben und die Mönche vertrieben wurden, war auch die Heidingsfelder Gruppe an der darauffolgenden Protestaktion beteiligt. Um die jüngeren Gruppenmitglieder keiner Gefahr auszusetzen, fuhren nur die ältesten in der Frühe des Sonntags mit dem Rad auf Umwegen nach Münsterschwarzach, um eventuellen HJ- oder Polizeistreifen zu entgehen. Dort nahmen sie an der Kundgebung vor dem Münster teil, um dann auf anderem Weg heim zu fahren und der Geistlichkeit zu berichten.
Im September 1941 beging Würzburg festlich das Jubiläum 1200 Jahre Bischof Burkard, bei dem auch die Heidingsfelder Gruppe mitwirkte. Ihre Chronik berichtet darüber:
»Sonntag, 19. September 1941. Schlussfeier der Burkardus-Festwoche im Dom. Bischof Spor von Mainz hielt die Predigt über Christus. Sie endete mit dem Glaubensbekenntnis: »Ich glaube!« – Wuchtig hallten die Worte

durch den Raum, ein Treuegelöbnis von Männern und Jungmännern, Mädchen und Frauen. Geschätzte Teilnehmer etwa 5000. Danach strömte alles vor das Bischofspalais. Der Platz davor konnte die Menge nicht fassen. Dicht gedrängt standen die Massen, die Bischöfe kamen kaum durch. Heilrufe und Sprechchöre wie »Alles für Deutschland – Deutschland für Christus!« brausten über den Platz. Unser Bischof sprach dann vom Fenster aus. Zum Schluss rief er: »Wir bleiben die alten!« Er soll recht behalten. Treu wollen wir sein, Christus und seiner Kirche! – Einige von den Würzburgern hatten sich auf dem Nachhauseweg unvorsichtig geäußert und einer wurde von der Gestapo aufgegriffen. Ludwig Altenhöfer wurde bald danach verhaftet und bei ihm und einigen anderen wurden Hausdurchsuchungen gemacht.«
So weit die Chronik.
Diese Chronik, welche über die Kriegswirren hinweg gerettet wurde, sowie die noch vorhandenen Kriegsbriefe der Gruppenangehörigen, von denen mehrere aus dem Krieg nicht zurückkehrten, legen Zeugnis ab, dass es in einer Zeit innerer und äußerer Bedrängnis möglich war, dem Bösen zu widerstehen und sich ein Leben nach eigenen Idealen zu gestalten, in Christi Geist und getreu dem Liedtext, den wir so oft gesungen haben: »Wer sich von Gott nicht scheiden lässt, der kann die Hölle zwingen!«

Hans Kufner, Würzburg-Heidingsfeld

Ein Quickborner berichtet

Als Junge gehörte ich dem »Quickborn« an, einem aus der Wandervogelbewegung hervorgegangenen Jugendbund. Unser Bund war katholisch geprägt und hat sich als Besonderheit den freiwilligen Verzicht auf Alkohol und Nikotin auferlegt. Klassenkameraden nannten uns deswegen »Wasserapostel«. Die Burg Rothenfels am Main gehörte dem Jugendbund und war zentraler Treffpunkt unserer Jugendgruppen. Dort feierten wir alljährlich im Rittersaal die Osterliturgie. Der Quickborner Professor Romano Quardini hat diese Tage durch seine Vorträge besonders geprägt.
Ein weiterer »geistiger Vater« war für uns in Ochsenfurt der Quickborner Kaplan Werner Junker. Sehr musikalisch war er, spielte Geige und begleitete unsere Volkslieder mit der Gitarre. Darüber hinaus hat er auch die Theatergruppe des Kolpingvereins in langer Arbeit und durch

Unterstützung von Musikern aus dem Würzburger Konservatorium zur erfolgreichen Aufführung des »Freischütz« von Weber geführt. Aus unserer Quickborngruppe haben dabei auch die Brüder Heiner (Geige) und Peter Raab (Cello) mitgewirkt.
Der Quickborn hatte in Franken auch Jugendgruppen in Würzburg, Kitzingen, Aschaffenburg, Schweinfurt und Nürnberg. Im Sommer trafen wir uns in Zeltlagern, an denen auch Freunde aus Oberschlesien und dem Saarland teilnahmen. Mit all diesen Gruppen standen wir auch während des ganzen Jahres in freundschaftlichem Briefwechsel. Da keiner von uns daran dachte, in die damals geförderte »Hitlerjugend« zu gehen, haben wir uns bei den maßgebenden Leuten unbeliebt gemacht.
Eines Tages wurden wir, Oskar Schmitt und ich, zur Polizeidienststelle in der Kellereistraße in Ochsenfurt befohlen. Ein Mann in SA-Uniform schrie uns an: Es gäbe nur noch eine deutsche Jugend und wir hätten uns aufzulösen, sonst kämen wir nach Dachau. Bei seiner Drohung schlug er mit einem Lederriemen-Knüttel brüllend auf den Tisch.
Dann wurden wir hinausgewiesen.
Diesen Vorgang habe ich meinem Freund Fritz Leist in Elversberg im Saarland geschrieben. Dabei habe ich geschrieben, dass wir nun wohl in die Hitlerjugend müssten, wir würden aber doch in unserer Weltanschauung weiter arbeiten. Fritz Leist war Quickborner, studierte Theologie und Philosophie und promovierte 1938 in Philosophie. Damals, als ich dies schrieb, stand das Saarland noch unter französischer Verwaltung. Meine Post wurde (das wußte ich noch nicht) von der Gestapo kontrolliert. Und nun wurde ich als »Vaterlandsverräter« in Schutzhaft genommen.
Bei einer Gestapo-Hausdurchsuchung bei mir wurden einige Adressen meiner Freunde aus Würzburg und Kitzingen gefunden. Auch sie wurden verhaftet und wie ich im Gefängnis in Würzburg in der Otto-Straße in Schutzhaft gehalten. Ohne richterlichen Beschluß waren wir da 14 Tage lang eingesperrt in Einzelhaft wie Strafgefangene. So haben wir den Nationalsozialismus erstmals hautnah zu spüren bekommen.

Georg Mauderer, Ochsenfurt

**In Auschwitz ermordet
Fred Josef aus Würzburg**

Wenn er seinen weißen Apothekermantel auszog, gehörte er den Jungen seiner katholischen Pfadfindergruppe. Eines Nachts wurden sie von einer Horde Hitlerjugend überfallen. Natürlich wurden nicht die Pfadfinder, sondern Fred verhaftet. Ein ungerechter Richter verjagte ihn aus der geliebten unterfränkischen Heimat. In Pforzheim fand er neue Arbeit. Ohne zu zögern sammelte er wieder eine Gruppe junger Pfadfinder um sich. 1941 nahm ihn die Gestapo drei Monate in Untersuchungshaft. Kaum daraus entlassen, nahm er die Jugendarbeit wieder auf. 1942 verurteilte ihn das Sondergericht Mannheim zu einem Jahr Gefängnis. Urteilsbegründung: »Weiterführung verbotener Organisation und Bildung von Elitegruppen in der Kirche gegen den Staat.« Sein Schlusswort an die Richter bestand aus drei Worten: »Alles für Christus.« Nach einem Jahr mörderischer Arbeit im Steinbruch wieder frei, wurde er schon bald erneut von der Gestapo festgenommen. Ohne weitere Verhandlungen kam er im November 1943 in das Konzentrationslager Auschwitz. Im Januar 1944 erhielten seine Angehörigen die übliche Nachricht, mit der die SS-Mörder ihre Verbrechen meldeten: »An Rippfellentzündung gestorben.«

Aus »Flugblätter«, Oskar Neisinger, Echter Verlag 1982

Katholisches Jugendleben in Hammelburg im 3. Reich

Dieser Beitrag besteht aus Auszügen verschiedener Berichte, zusammengestellt von Johanna Niebling, Untererthal

Im Oktober 1928 wurde für die jüngeren Buben und Mädels der männliche und weibliche Jugendverein gegründet. Die Leitung des männlichen Jugendvereins übernahm der jeweilige Kaplan, die des weiblichen Jugendvereins die Lehrerin des Schulklosters. Aus den Reihen des männlichen Jugendvereins bildete sich im Laufe der Zeit die Deutsche Jugendkraft.

Mit den Jungens arbeiteten wir manche Stunden zusammen, um oben auf dem Heroldsberg einen ebenen Platz zu schaffen und dort das kleine Tempelchen aufzustellen, das noch heute steht. Bei der Einweihung des Tempelchens wurde dort das Christusbanner hochgezogen, das von da ab jeden Sonntag über dem Städtchen wehen sollte. Das Tempelchen selbst wurde dem Schutze der Stadt übergeben.

Im Anfang des Jahres 1933 entbrannte der Kampf um dieses Banner, das immer wieder von den Jungmännern geborgen wurde, einmal selbst unter Bedrohung mit Revolver.

1933 war ein großes Jahr in der Geschichte der katholischen Jugend Hammelburgs. Ostern waren sieben Mädchen zum Reichstreffen in Rüdesheim. Von hier kamen wir mit neuer Begeisterung zurück. Zum erstenmal sahen wir die Kreuzbanner und wussten, auch wir müssen ein solches Banner haben.

Am 26. Juni 1933 waren bei Führer und Führerinnen Hausdurchsuchungen. Keine Ecke, kein Kästchen blieb ohne Kontrolle, doch die drei Banner fanden sie nicht, obwohl sie in unserem Hause waren und während der Durchsuchung selbst verborgen werden mussten. Am Abend dieses Tages wurden die drei Banner auf einmalige Art und Weise von Fina Binner ins Pfarrhaus gebracht. Ein großer Teil der schriftlichen Vereinssachen kam in die Hände der SA und wurde nicht mehr zurückgegeben. Am Abend des 28. Juni wurde Mathilde Bethäuser, die ›Bannerträgerin‹, verhaftet. Als einziges Mädchen war sie im überfüllten Gefängnis hinter Schloss und Riegel. Führende Männer der Bayerischen Volkspartei, darunter H. H. Pfarrer Wiesen und H. H. Pfarrer Reinhard und alle, die dem neuen »Dritten Reich« in irgend einer Weise entgegenstanden, waren im Gefängnis. Mathilde Bethäuser wurde am Nachmittag des 29. Juni wieder entlassen, doch nur unter der Bedingung, dass wir in keiner Weise weiterarbeiten dürfen. Der Zutritt zum Jugendheim wurde uns verboten und später aus demselben ein HJ-Heim gemacht.

Im Mai 1934 war wiederum Hausdurchsuchung bei den Führern und Führerinnen. Die Banner waren das Suchobjekt. Wiederum waren diese bei uns im Haus, wurden wieder während der Durchsuchungen geborgen und dann am Abend von unserer treuen Luise Wirth in das Pfarrhaus gebracht und von dieser Zeit ab in der Kirche verborgen. Um die gleiche Zeit wurde das Pfarrhaus von der NSKK gestürmt mit den Rufen: »Banner raus, Kaplan raus!« An Herrn Geistl. Rat Martin wagte man sich nicht.

Einmal kam unser Kreuzbanner noch an die Öffentlichkeit. Zur Feier des Heldengedenktages 1935 bekam der Jugendbund, wohl irrtümlicherweise, eine Einladung auf der es hieß: »Mit Fahnen und Wimpeln antreten.« Dies befolgten wir natürlich zum größten Erstaunen aller Anwesenden.

Wenn wir jetzt Rückschau halten, müssen wir festhalten, dass die zwölf Jahre des Kampfes doch die besten Jahre gewesen sind. Sie haben uns zusammengeschweißt und stark gemacht. Wir arbeiteten eben dann auf andere Weise. Bibelstunden begannen. Im September 1933 war unsere erste Gemeinschaftsmesse im Steinthal, die bis heute geblieben ist. Immer wieder ging einmal ein Vertreter von uns zu einem Treffen. So 1935 nach Rothenfels, 1937 nach Hirschberg oder auch zu Einkehrtagen nach Himmelspforten, Zell, Schönau, und brachte von dort neue Begeisterung mit.
Auch manche Stunde der Freude wie Johannisfeuer auf entsprechende Art, Nikolaus- und Weihnachtsfeiern, Faschingsabende und dergleichen gab es in diesen Jahren. Ein Ausweg lässt sich ja immer finden.

Unsere Gemeinschaftsmesse haben wir den ganzen Winter über allen Miesmachern und dem Wetter zum Trotz um 1/2 6 Uhr im Steinthal gehalten. Und wir waren da. Manchmal auf Schlitten und Schlittschuhen.
Seit dem Ostersonntag leuchtete in unserer Kapelle ein streng liturgisches Antependium mit Christusmonogramm. – Das Ergebnis unseres Opfers. Ein Jungmädchen hat es mustergültig gestickt.

Am Dienstag in der Karwoche hielten wir Kreuzfeier in unserem Kirchenzimmer. Christus und Kreuz – Christ und Kreuz. Am Mittwoch feierten wir Abendmahl im Steinthal: Gemeinschaftsmesse – drei Jungmänner im Chorrock lasen feierlich die Passion – Die heilige Kommunion vereinigte fast alle am Abendmahltisch. Und es waren mehr als sonst. Vielleicht 60. Nach außen haben wir gearbeitet an der Verbreitung wertvoller Schriften. Freilich war das recht schwer. Immerhin wurden 100 »Kolpingsblätter«, 41 »Wacht«, 17 »Weiße Rose«, 12 »Scheideweg« und 65 »Junge Saat« gelesen. Dazu lieferten wir 20 »Scheideweg« und 20 »Junge Saat« nach auswärts.

Noch einmal, im Januar 1938, versuchte man uns gänzlich zu vernichten. Die Gestapo von Würzburg kam zur Hausdurchsuchung, forderte die Herausgabe sämtlichen Materials, das sich irgendwie auf die Tätigkeit katholischen Jugendlebens bezog, und auf das entschiedenste die Auslieferung der Banner. Im Bezirksamtsgebäude war dann großes Verhör der einzelnen Führerinnen mit dem Endresultat, dass strengstes Verbot für jegliche Art von Arbeit verhängt ist. Die Banner blieben in der Kirche. Unsere Arbeit beschränkte sich noch mehr nur auf religiöse Bereiche. Die Steinthalkapelle ist uns geblieben und das Kirchenzimmer. Dies genügte.
Die Kriegsjahre kamen. Die Jungen wurden zum Militärdienst eingezogen, die jüngeren zum Arbeitsdienst. So kam es, dass in vielen Gemeinschaftsmessen kein Ministrant da war, was aber nicht daran hinderte, dass wöchentlich eine Gemeinschaftsmesse der Jugend gehalten wurde. Nur die, die wirklich einmal für diese Banner einstehen mussten, wissen um die tiefe Freude, die wir erlebten, als am 10. Mai 1945, am Tage Christi Himmelfahrt, zum erstenmal wieder die Banner durch die Straßen der Stadt getragen wurden, und um das Erleben in der Stunde, da das Johannisfeuer auf dem Berg brannte und nach langen Jahren weithin über das Saaletal das Lied erklang:
»Lasst die Banner wehen, über unsern Reihen,
alle Welt soll sehen, dass wir neu uns weihen!«

Kraft im Glauben geholt

Im Frühjahr 1939 zogen wir nach Würzburg, ins Frauenland, in die Pfarrei »Unsere liebe Frau«. Meine drei Brüder und ich waren von den Eltern beim Eintritt in die höhere Schule in klösterliche Internate gegeben worden, um dem Gedankengut und Einfluss der Nationalsozialisten zu entgehen. Aber die Klosterschulen wurden 1938/39 ja alle aufgelöst. So war es für uns eine Selbstverständlichkeit, in der katholischen Jugend mit zu arbeiten, meine Brüder in der MC, ich in der Mädchengruppe der Pfarrei.
Irgendwann im Mai lud der damalige Domkaplan Fritz Bauer die Jugend der Stadt zur Maiandacht auf das Käppele ein. Natürlich konnte man nicht geschlossen gehen, das wäre ja aufgefallen; zu zweit oder zu dritt »spazierten« wir hinauf zur Mutter Gottes, um für Frieden und Freiheit zu beten. Zum Ende der Feierstunde ging die Warnung an uns, nicht gemeinsam den Heimweg anzutreten, von der HJ sei ein Überfall geplant. So zogen wir größtenteils durch die Annaschlucht heim, diejenigen aber, hauptsächlich natürlich der männliche Teil, wollten der Gefahr trotzen, Oskar Neisinger voran. Am unteren Treppenaufgang, dort wo in der Grotte die Statue der schmerzhaften Mutter steht, wurden sie überfallen und in eine üble Schlägerei verwickelt. – Wie oft haben wir in all diesen Jahren mit Kaplan Bauer heimlich in der Domsepultur oder bei den Ursulinen am Samstag Komplet gefeiert und uns Ansporn und Kraft im Glauben geholt. Wir haben ihn trotz Arbeitsdienst, Fabrikdienst und trotz Militärzeit bewahrt und konnten ihn so auch an die nächste Generation weitergeben.

Eva Potschka, Würzburg

Katholische Jugendarbeit am Untermain

Lenz Wienand, der Autor dieses Beitrags, war für die Katholische Jugend Aschaffenburgs und des Untermains ein Begriff, ähnlich wie Oskar Neisinger für Würzburg.

Ich kann nur aus der Sicht der früheren Arbeit der Katholischen Jugend am Untermain mit Kaplan Josef Stangl, dem späteren Bischof von Würzburg, berichten.

Wir haben zusammen auf Burg Breuberg im Odenwald von 1932 bis 1939, der Beschlagnahmung der Burg, Schulungen bzw. Einkehrtage durchgeführt. Außerdem Veranstaltungen auch im Schmerlenbacher Wald, und ich habe nach meiner Einberufung zum Arbeitsdienst und zur Wehrmacht von 1939 bis 1945, dem Kriegsende, mit meinen »Frontbriefen« alle sechs Wochen in Verbindung mit den bekannten früheren Mitgliedern der Katholischen Jugend gestanden. 35 Rundbriefe im Format DIN A5, ca. 40 Seiten stark, versandt bzw. verschicken lassen und damit auch unsere Leute versorgt.

Leider habe ich nur noch ein Exemplar, dafür aber viele Fotos aus den Jahren 1932 bis 1945 und der Zeit mit Josef Stangl auf Burg Breuberg.

Die Treffen hier alle 14 Tage mit Oskar Neisinger während der Jahre 1943 bis 1945 in der Sakristei in St. Michael waren für viele aus Stadt und Landkreis immer Ermunterung in der verbotenen Katholischen Jugend.

Burg Breuberg hatte ich ab 1950 wieder gemietet, allerdings für den Verein »Kreis der Breuberg-Freunde e.V.«, dessen Vorsitzender ich von 1950 bis 1981 war.

Lenz Wienand, Aschaffenburg

Wie unsere katholische Jugend den Gottbekenntnistag 1944 beging

Dieser Beitrag stammt aus der Feder des unvergessenen Monsignore Max Rößler, der von 1941 bis 1952 als Diözesan-Jugendseelsorger an zentraler Stelle in der Jugendarbeit während der Nazizeit stand.

Gleich zu Beginn seines Terror-Regimes hatte Hitler es darauf angelegt, die katholischen Jugend-Organisationen zu zerschlagen. Dank kluger Organisatoren – vor allem ist hier Generalpräses Ludwig Wolker zu nennen – gelang es, rechtzeitig das Verbandswesen auf rein religiöse Seelsorge umzustellen, so dass etwa ein bisheriger Präses des Katholischen Jungmännerverbandes fortan »Jugendseelsorger« hieß.
Freilich waren es nicht nur taktische Erwägungen, die diese Veränderungen erzwangen. Auch die immer apokalyptischer sich enthüllende Dämonie des Nazi-Reiches drängte zu pastoraler Intensivierung der Jugendarbeit. Wer damals bei zusammengerollten Christusbannern seinem Glauben und seiner Kirche die Treue hielt, musste – um nicht vom Sturm der widergöttlichen Macht mitgerissen zu werden – seine Wurzeln tiefer eingraben, das heißt, er musste Glaubensleben und Glaubenswissen sich unentreißbar zu eigen machen. Nicht wenige dieser Getreuen erreichten so eine bewundernswerte religiös geprägte Persönlichkeitsreife. Der immer schrecklicher entartende Missbrauch der Macht ließ in den Getreuen der Kirche eine Frömmigkeit sich entwickeln, deren Wesen sich etwa mit den von Wolker formulierten Programm-Worten »Gebet / Opfer / Dienst« kennzeichnen lässt.
So sehr dabei die Einzelseelsorge an Bedeutung gewann, der Blick auf die große Schar der Heranwachsenden wurde von Bischöfen, Priestern und Jungführern keineswegs vernachlässigt. Und so wandte man – trotz oder wegen der Schikanen – großen Eifer an die Vorbereitung und Durchführung der Bekenntnistage der Jugend. In ihnen gelang es, ein in Breiten- und Tiefenwirkung erstrebtes Gemeinschaftserlebnis zu bieten, das jeder Ghetto-Bildung entgegenwirkte.
Mit unanfechtbarer Zähigkeit hielt man fest an diesem Gottbekenntnistag der Jugend, der gerade durch die böswillige Bespitzelung von seiten der Machthaber nur an Begeisterungsgehalt gewinnen konnte. So wurde gerade der letzte in der Nazi-Zeit veranstaltete Bekenntnistag zu einem erstaunlichen Beweis vitaler Widerstandskraft seitens der katholischen Jugend.

Es war im letzten Kriegs-Sommer 1944

Goebbels entfachte den »Totalen Krieg«. In den Konzentrationslagern feierte der Satanismus Orgien ... Da riefen die deutschen Bischöfe die Jugend wieder zum Gottbekenntnis auf. Dabei konnte ein so tapferer und entschiedener Gegner des Regimes wie der Bischof von Würzburg, Matthias Ehrenfried, einer begeisterten Resonanz sicher sein. Dennoch überraschte auch ihn die imponierende Statistik der Teilnehmer.
Der Text ließ für hellhörige Zeitgenossen keinen Zweifel übrig. Sein Thema steuerte das Wesentliche an: »Das ist der Wille Gottes: EURE HEILIGUNG« (1. Thess. 4,3). Er wich den Zeitverhältnissen keineswegs aus. Die Bezüge zur furchtbaren Gegenwart waren unüberhörbar.
So wenn es im 118. Psalm hieß:
»Selig, die schuldlos des Weges dahinziehen,
Die wandeln getreu nach dem Willen des Höchsten.
Ein Ende sah ich aller Größe und Vollendung,
Nur dein Gesetz, Herr, währet ohne Ende.«
Oder wenn die Fürbitten flehten: Dass der Herr den Heiligen Vater Pius »nicht in die Hände seiner Feinde« geraten lasse ... dass Bischof Matthias »fest stehe in Deiner Kraft und herrsche in der Hoheit Deines Namens!« ... dass das »Heil« des Herrn dem deutschen Volke zuteil werde.
So wenn die Lesung aus Ezechiel verkündete: »Ich will meinen großen Namen verherrlichen, der unter den Völkern entweiht war.« Oder wenn das Evangelium von der Schar der Getreuen spricht: »Für sie bitte ich, denn sie sind dein. Die Welt aber hasst sie, weil sie nicht von dieser Welt sind.«
Die beim Diözesan-Jugendseelsorger eingetroffenen Berichte belegten dann, dass diese Texte samt dem sie deutenden Predigtwort nicht ins Leere gesprochen waren.
Die Kommunion-Beteiligung am Morgen in den Ortskirchen wies durchwegs eine Beteiligung zwischen 80 bis 100% bei der weiblichen, 60 bis 90% bei der männlichen Jugend auf. Einige da und dort als Störung von der Nazi-Seite gedachte Veranstaltungen – Sportfeste vor allem – konnten keine bedeutende Beeinträchtigung erbringen. Erstaunlich bleibt der optimistische Grundzug nahezu aller Darstellungen – obwohl die Nazi-Organe mit gefährlicher Nervosität alles registrierten. Wolkers Ruf: »dass Christus lebe in deutscher Jugend« war nicht ins Leere verhallt!

Zeittafel

30. 1.1933   Reichspräsident Paul von Hindenburg ernennt Adolf Hitler zum Reichskanzler.
28. 2.1933   Die Verordnung (»Reichstagsbrandverordnung«) »Zum Schutz von Volk und Staat« wird vom Reichspräsidenten unterzeichnet. Sie setzt Grundrechte außer Kraft, ermöglicht willkürliche polizeiliche »Schutzhaft« ohne richterliche Kontrolle und begründet dauerhaften Ausnahmezustand.
9. 3.1933   Kreisleiter Theo Memmel hisst gegen die Zustimmung von Oberbürgermeister Löffler auf dem Würzburger Rathaus die Hakenkreuzfahne.
11. 3.1933   Erstmalige Besetzung der Redaktionsräume des »Fränkischen Volksblatts«.
23. 3.1933   Das sogenannte »Ermächtigungsgesetz« wird vom Reichstag verabschiedet.
1. 4.1933   Erste Boykottmaßnahmen gegen Juden.
10. 5.1933   Bücherverbrennung.
20. 7.1933   Der Abschluss des Reichskonkordates sichert Bestand und Tätigkeit katholischer Organisationen.
21. 8.1933   Adolf Hitler macht auf der Durchreise kurz Station in Würzburg.
11. 9.1933   Der Evangelische Kirchenkampf beginnt mit Gründung des »Pfarrernotbundes«.
7. 4.1934   Erstmalige Ausschreitungen gegen Bischof Matthias Ehrenfried, bei denen sich die SA gewaltsam Einlass in das Bischofspalais verschafft, um eine Unterredung zu erzwingen.
1. 8.1934   Das »Gesetz über das Oberhaupt des Deutschen Reiches« vereinigt das Amt des Reichspräsidenten und des Reichskanzlers.
10. – 16. 9.1935   Die »Nürnberger Rassengesetze« werden beschlossen.
19. 8.1935   Ein Katholischer Hirtenbrief verurteilt staatliche Hetze gegen Christen.
7. 3.1936   Die deutsche Wehrmacht besetzt das entmilitarisierte Rheinland.

1.12.1936	Die Hitlerjugend wird Staatsjugend.
14. 3.1937	Die Päpstliche Enzyklika »Mit brennender Sorge« verurteilt die NS-Kirchenpolitik.
27. 6.1937	Adolf Hitler besucht Würzburg und spricht auf dem Residenzplatz.
12. 3.1938	Einmarsch deutscher Truppen in Österreich.
19. 8.1938	Hirtenbrief der Fuldaer Bischofskonferenz gegen Kirchenhetze und Klosterprozesse.
30. 9.1938	Auf der Münchener Konferenz wird die Abtretung des Sudetengebiets an Deutschland beschlossen.
8.11.1938	Massenpogrome (»Reichskristallnacht«) gegen Juden.
14. 3.1939	Deutscher Einmarsch in die Tschechoslowakei.
1. 9.1939	Beginn des Zweiten Weltkrieges.
22. 6.1940	Deutsch-französischer Waffenstillstand.
1941	Verbot der Kreuzbergwallfahrt und Beschlagnahmung des Kilianeums. Jugendliche gründen die »Gruppe Grün«, eine kleine kirchliche Widerstandsgruppe, deren Leiter Oskar Neisinger und Ludwig Altenhöfer waren.
9. 5.1941	Aufhebung der Abtei Münsterschwarzach.
22. 6.1941	Das »Unternehmen Barbarossa«, der Krieg gegen die Sowjetunion beginnt.
28. 7.1941	Bischof Clemens Graf von Galen protestiert in Münster gegen die Euthanasie.
27.11.1941	Erste Deportationen von insgesamt 2063 mainfränkischen Juden aus Würzburg.
20. 1.1942	Wannsee-Konferenz zur Koordination der Maßnahmen zur »Endlösung der Judenfrage«.
20. 8.1942	Pfarrer Georg Häfner stirbt im Konzentrationslager Dachau.
31. 1.1943	Die 6. deutsche Armee kapituliert in Stalingrad.
18. 2.1943	Goebbels Rede im Berliner Sportpalast »Wollt ihr den totalen Krieg?«. Zerschlagung der studentischen Widerstandsbewegung »Weiße Rose«.
17. 8.1943	Erste Bombardierung der Kugellagerfabriken von Schweinfurt, einer von insgesamt 16 Angriffen auf die Stadt.
19. 8.1943	Hirtenbrief des katholischen Episkopats gegen die Tötung unschuldigen Lebens (»Euthanasie«).

17.10.1943	Die Bekenntnissynode der Evangelischen Kirche der Altpreußischen Union verurteilt die Tötung von Menschen aus Alters-, Krankheits- und Rassengründen.
6. 6.1944	Alliierte Invasion in der Normandie (D-Day).
20. 7.1944	Das Attentat auf Hitler durch die Widerstandsgruppe um Claus Graf Schenk von Stauffenberg missglückt. In seiner Folge kommt es zu Tausenden von Verhaftungen und etwa 200 Hinrichtungen.
30. 1.1945	Letzte Rundfunkrede Hitlers.
23. 1.1945	Dr. Franz Sperr aus Karlstadt wird wegen seiner Mitwisserschaft um das Attentat vom 20. Juli in Berlin Plötzensee hingerichtet.
7. 2.1945	Franz Herbert, Bürgermeister von Kolitzheim und in Folge des Attentats vom 20. Juli in Ausschwitz inhaftiert, stirbt auf dem Marsch nach Mauthausen.
März 1945	Der Marianhiller Missionar Pater Engelmar stirbt in Dachau an Typhus, mit dem er sich bei der Pflege seiner Mithäftlinge angesteckt hatte.
3. 4.1945	Durch die schweren Luftangriffe der Alliierten und die Kämpfe um die »Festung« Aschaffenburg fällt die Stadt in Schutt und Asche.
16. 3.1945	Bei einem Luftangriff der RAF wird Würzburg zu fast 90% zerstört.
27. 3.1945	Dr. Georg Angermeier stirbt nach einem Unfall mit einem Gestapo-Fahrzeug in Berlin.
6. 4.1945	Würzburg ergibt sich den amerikanischen Truppen.
30. 4.1945	Selbstmord Hitlers.
7. 5.1945	Kapitulation der deutschen Wehrmacht im US-Hauptquartier in Reims.

Bildnachweis:

Archiv Hans Kufner Seiten 35, 41, 45, 56, 67, 81, 84, 87; Monika Schmittner, Seiten 48, 50 (2x); Würzburger Katholisches Sonntagsblatt Seiten 60, 75; Mainpost Zeitungsverlagsges. mbH & Co.KG Seite 32; Rudolf Herrmann Seite 64; Erika Groth-Schmachtenberger Seite 70, aus »Meine schönsten Fotos« Echter Verlag; Seite 72 POW; Seite 91 aus »Neisinger, Flugblätter«, Echter Verlag.

Quellennachweis:

Der Beitrag Seite 34 »Der Kampf der Nationalsozialisten gegen den Katholizismus in Unterfranken« ist entnommen dem Band »Dieter W. Rockenmaier, Das Dritte Reich und Würzburg«, Verlag Mainpresse Richterdruck, 1983.
Der Beitrag Seite 47 »Wir helfen Ihnen«, Die Geschichte des Juden Berthold Löb, ist entnommen dem »Fränkischen Hauskalender und Caritaskalender 2002, Echter Verlag. Seite 61 »Der Retter von Assisi« ©Andreas Mettenleitner. Der Beitrag Seite 66 stammt aus dem Fränkischen Volksblatt vom 19.7.1988, © Mainpresse Zeitungsverlagsges. mbH & Co.KG. Der Beitrag Seite 69 »Die tapferen Frauen von Eibelstadt« ist dem Band »Erika Groth-Schmachtenberger, Meine schönsten Fotos«, Echter Verlag 1984, entnommen. Der Beitrag Seite 71 »Unser Schicksal liegt in Gottes Hand – Das Los des Kolitzheimer Bürgermeisters Franz Herbert« von Bernhard Schweßinger, dem Würzburger katholischen Sonntagsblatt. Das Lied auf Seite 76 dem »Kirchenlied«, Christophorus-Verlag, Freiburg. Das Kapitel Seite 78 »Flugblätter« dem gleichnamigen Buch von Oskar Neisinger, Echter Verlag 1982.

Ein Wort danach

Auch heute noch, nach siebzig Jahren, sind die Stimmen nicht verstummt, die der Kirche wie den Christen allgemein vorwerfen, den Nationalsozialismus nicht verhindert und ihm später nicht genügend Widerstand geleistet zu haben.
Das Aufkommen des Nationalsozialismus hatte viele Gründe, und es konnte nicht das Anliegen dieses Buches sein, sich damit auseinander zu setzen. Vielmehr ging es darum, aufzuzeigen, wie die Christen unserer fränkischen Heimat, Männer wie Frauen, aus ihrem Glauben und ihrem Gewissen heraus dem Ungeist trotzten und auf vielfältige Weise Widerstand leisteten.
Dieser Widerstand reichte von lebensgefährlichen Aktionen der Jugend, wie dem Herstellen und Verteilen von Flugblättern, vom furchtlosen Einsatz der Priester im Rahmen ihrer Verantwortung für die ihnen anvertrauten Gemeinden wie auch in der Jugendarbeit, bis hin zum Widerstand auch der vielen Namenlosen, die dem Ruf der Stunde folgten und der Tyrannei zu widerstehen suchten, wo immer sie gefordert waren. So wie jener einfache Familienvater, der sich am Sonntagmorgen vom aufgenötigten Dienst in einer NS-Einheit vor versammelter Mannschaft in den Gottesdienst abmeldete, und der damit für mich mehr Mut bewies als die vielen »Unbelasteten«, denen es gelang, sich aus allem »herauszuhalten«.
Ihnen allen, besonders aber den Opfern jener Unheilsjahre, den Ermordeten und den Gefallenen, aber auch den wenigen noch Lebenden, deren Weggefährte ich sein durfte, ist dieses Buch gewidmet.
Ich danke allen, die zum Entstehen dieses Buches beigetragen haben. Es war mir ein Herzensanliegen, weil ich damit auch Dank abstatten wollte. Dank den Gefährten der Jugend, die mit ihrer Begeisterungsfähigkeit und ihrer Glaubenkraft auch mein Leben bereicherten. Dank auch den Führern, die uns Vorbild waren, nicht zuletzt unseren Priestern, die uns nichts aufzwangen, sondern behutsam den rechten Weg wiesen und uns begleiteten.
Vor allem aber danke ich Gott, dass er mich jene Zeit mit ihren schrecklichen Tiefen, aber auch beglückenden Höhen erleben und überleben ließ, und dass er mir die Zeit geschenkt hat, dieses Buch fertigzustellen.
Zum Schluss ein Wort von Felix Raabe, einem ehemaligen Führer der katholischen Jugend, der in seinen Kriegserinnerungen schrieb: »Die Kirche hat uns damals wirklich wie eine Mutter beschützt, und gelehrt,

dass jedes Mal ein Stück von dieser unheilen Welt hell und heil wird, wenn wir uns Gottes Anruf öffnen.«
Ein Wort, das sicher auf alle Menschen zutraf, an die in diesem Buch erinnert wird, und die darin zu Wort kommen.

Hans Kufner